Pawlowski

Mozart zum Kugeln

Satirisches Konfekt, lyrische Mischung

Klaus Pawlowski

Mozart zum Kugeln

Satirisches Konfekt, lyrische Mischung

Mit Zeichnungen von Helmut Kratochvil

OKTOBER VERLAG
Münster in Westfalen

Klaus Pawlowski, *1935, ehemals Hochschullehrer, stand mehr als 30 Jahre auf der Kabarettbühne, schreibt seit mehr als 20 Jahren satirische Texte für die Wahrheit-Seite der taz, gründete 2007 gemeinsam mit den taz-Autoren Peter Köhler und Reinhard Umbach die Neue Göttinger Gruppe, die zusammen drei Satirebände herausbrachte. 2013 veröffentlichte Pawlowski sein erstes eigenes Bändchen mit dem Titel »Gereimtheiten und andere Gemeinheiten«, 2019 erschien sein zweites, »Duschanleitung für Eisbären«. Er kann seine Texte meisterhaft vortragen. Seit 2018 steht er mit dem Pianisten Gerrit Zitterbart auf der Bühne mit einem Programm aus klassischer Musik und Satire.

Am Hawerkamp 31, 48155 Münster
www.oktoberverlag.de

Satz: Thorsten Hartmann
Umschlag: Thorsten Hartmann, Peter Pawlowski
unter Verwendung einer Zeichnung von ©Tom
Druck: Books on Demand GmbH, In de Tarpen 42, 22848 Norderstedt

ISBN: 978-3-946938-60-6

Inhalt

Statt eines Vorwortes

Die Straße meines Lebens ist zwar ramponiert.
Ich fahr sie ja auch schon seit vielen Jahren.
Doch weiß ich ungefähr, wohin sie führt
und will sie auch noch ein paar Jahre fahren.

Noch ist ja keine Straßensperre aufgebaut,
noch kann ich keine Abbruchkante finden.
Baustellen? Klar, die sind mir zwar vertraut.
Doch häufen sie sich, werden kaum verschwinden.

Der Straßenbau kommt nicht mehr recht voran.
Und ich muss länger vor der Ampel stehen.
Umleitungen gibt es auch. Ja, und ich kann
die Baustellen, wenn ich es will, umgehen.

Doch ob mir da die Orientierung noch gelingt?
Ganz ehrlich? Auf 'ner unbekannten Strecke?
Die andrerseits ein bisschen Spannung bringt,
wenn eine neue Gegend ich entdecke.

Klar, meine Reifen sind schon ziemlich alt
und fürchten jedes Schlagloch auf der Piste.
Dann such ich auf dem Seitenstreifen Halt.
Und sitz ganz still in meiner morschen Kiste.

Und seh, wie dort das rote Mohnfeld prahlt,
sich die Kastanie dehnt in ihrer Blüte.
Und da mein altes Dorf, wie neu für mich gemalt.
Jetzt weiterfahren? Kommt nicht in die Tüte.

Ich seh im Rückspiegel, wo ich gefahren bin,
und viele Bilder tauchen aus den Straßengräben.
Gesichter, Orte schieben sich mir in den Sinn,
die einen starr und tot, doch viele blühen, leben.

Ja, meine Straße ist schon ziemlich ramponiert.
Wie lang ich sie noch fahre, werd ich kaum begreifen.
Doch ist auf meiner langen Fahrt so viel passiert.
Für diese Bilder halt ich auf dem Seitenstreifen.

Teil I
Mozart zum Kugeln
Unsere großen Komponisten

Der Befugte

Der Herr Johann Sebastian
war von Musik besessen.
Uns schenkte der Barock-Titan
Präludien, Arien, Messen.

Auch Oratorien, Fantasien
schrieb dieser Himmelsstreber.
Und alle Welt bewundert ihn
als eins a Fugenkleber.

Die Fuge ließ den Bach nicht ruhn.
So fugte selbst beim Bad er.
Nein, nicht wie's Fliesenleger tun,
nein, viel viel akkurater.

Er war der Spalten-Visionär,
der durch und durch Befugte.
Wenn unter einer Fuge her
mal ein Motettchen lugte,

schliff er es weg, behutsam zwar,
doch immer etwas grimmig,
bis seine Fuge fügsam war,
und kontrapunktisch stimmig.

Sein Leben fügte polyphon
sich zu recht langer Dauer.
Glatt war die Exposition,
die Durchführung oft rauer.

Er war befugt als Organist,
doch sein Gehalt zum Grausen.
Auch war schon mal die Orgel Mist,
zum Beispiel in Mühlhausen.

So fugte er für viele Herrn
in Lübeck, Arnstadt, Leipzig.
Und seine Anna sagte gern:
Mensch, Basti, übertreib's nich.

Denn eins kann man mit Fug und Recht
behaupten und belegen:
Als Ehemann tat er nicht schlecht
gefügig sich bewegen.

Bei seinen beiden Ehefrau'n
kam er wohl oft zum Zuge,
und so gelang voll Gottvertrau'n
Toccata, tja … und Fuge.

Das brachte 20 Kinder ihm.
Fast jedes Jahr ein Brüller.
War nicht gerad sublim intim,
der große Fugenfüller.

Wohl temperiert find die Passion
ich nicht, muss ich bekennen.
Woll'n wir Bachs Leben monophon
nicht Kunst der Fuge nennen?

Mozarts göttliches Gehör

Das Wolferl hatte ein Gehör, das nicht nur gut war,
es hatte eins, das völlig absolut war.
Wolf war als Baby schon damit begnadet.
Drum wurden seine Ohren jeden Tag gebadet
von seiner Mutter. Und er hörte damals schon,
wenn sie verstimmt war, sei's um einen halben Ton.

Auch hörte er – was Muttern oft verdross –,
wenn gegen elf Uhr ihr die Milch einschoss.
Dann hat er auch gleich hungrig losgeheult,
na klar, in Melodien, sehr harmonisch ausgefeilt.
Hätt er, wie's Babies tun, nur laut gebrüllt,
hätt's ganz bestimmt den Hörnerv ihm zerknüllt.

Er hörte Nannerl Pusteblumen pusten.
Er hörte – ist ja klar – die Flöhe husten,
die – ja, es gab tatsächlich sie in Scharen –
in Mozarts feuchter Wohnung meist erkältet waren.
Doch sie erholten sich – die Biester waren klug –
in der gepuderten Perücke, die der Wolfi trug.

Der hörte in den Dielen nachts die Schaben schaben.
Ja, selbst den Maulwurf hörte er im Graben graben.
Kann sein, dass all dies Mozart derart inspiriert hat,
dass er als Kind schon komponiert und präsentiert hat.
In London und Paris zwang er gehob'ne Schichten,
mal ihrerseits die müden Lauscher aufzurichten.

Und immer trieb der Vater ihn bis zum Erschlaffen:
Sein Wolfi sollte sich noch mehr Gehör verschaffen.
Zum Beispiel in Italien. Prompt hörte er in Rom
Engel im Himmel singen überm Petersdom.
Auch hörte er was läuten. Nur vom Hörensagen:
Papst Clemens wollte ihn sakral zum Ritter schlagen.

Ein Schlag mit Folgen, denn der Wolfi spürte jäh
Gottes Gehörgang sich entfalten unterm Zopf-Toupet.
Zum Dank gewann er unsern Herrn so furchtbar lieb,
dass er rasch Messen, tja und ellenlange Opern schrieb.
Es lohnt sich, Leute, mal darüber nachzudenken:
Wie konnte Wolfi so ein Riesenwerk uns schenken.

Nun, der Gehörgang Gottes tat sich auf beim Lauschen.
So hörte Wolfgang Melodien aus leisem Blätterrauschen,
aus jedem Wellenschlag, aus dem Gesirr der Mücken,
dem eig'nen Zähneklappern und dem Pups beim Bücken.
Nur, dass er auch das Gras fast täglich wachsen hörte,
vertrug er nicht, weil dies Geräusch ihn ziemlich störte.

Mein Fazit: Mozart schenkt den Ohren ach so schöne
serailische Entführungen und Zauberflöten-Töne.
So prall wie eine Hochzeit, findet auch mein Figaro.
Und Lyriker wie mich macht er total fidelio.
Fidelio ist nicht vom Mozart? Ist von Ludwig van?
Sieh mal einer an.

Neun erhabene Momente

Dies neue Jahr war noch nicht dran,
Christ war noch nicht erkoren,
da fing's schon an mit Ludwig van.
Wann war der bloß geboren?

Den Tauftag weiß man irgendwie,
denn das war Ludwigs Auftakt.
Er schrieb die erste Sinfonie
direkt nach diesem Taufakt.

Na klar, er war ja ein Genie.
Er war halt der Entrückte,
der seine zweite Sinfonie
stramm in die Windeln drückte.

Er war vier Jahre ungefähr,
da schöpfte der Besternte
die Dritte, als gerade er
aufs Töpfchen gehen lernte.

Schlagartig kam ihm Nummer vier.
Die fand der reich Gloriolte,
als Lehrer Neefe am Klavier
ihm mal den Arsch versohlte.

Die Fünfte brachte der Rubin,
als Vatern voll im Suff war.
Die Sechste kam ihm, als in Wien
mit Haydn er im Puff war.

Was er da »Pastorales« sah,
das hat die Zeit verschliffen.
Vielleicht fand er »Erotica«,
denn doch zu abgegriffen.

Doch lustvoll trieb die Siebte ihn.
Da war er mit Guilletta
und seiner Schwester Josefin
zu Dritt im Bett, was nett war.

Die Achte, nun, da war, ich glaub,
doch kann ich's nicht beschwören,
er schon total entrückt und taub.
Das merkt man auch beim Hören.

Doch sagt's die Neunte nochmal fett:
Solch pralles Schöpferleben
von Windelkack bis Doppelbett
ist nur Genies gegeben.

Eins zeigt uns die Geschichte auch:
Gottähnliche Talente
bedürfen für den Schöpfungshauch
erhabener Momente.

Felix, der Vielgereiste

Und jetzt kommt Felix Mendelssohn,
auch noch Bartholdy heißt er.
Der war in jungen Jahren schon
ein Tramp, ein Vielgereister.

Ja, Felix reiste nicht zu knapp.
Er hing in jedem Falle
mehr auf der brit'schen Insel ab,
als unsereins auf Malle.

Kam bis zu den Hebriden hin
im Sturm und, ich kann schwören,
mit Brechern, denn die kann man in
der Ouvertüre hören.

Die Schottische, Satz nummer zwo,
hat jede Menge Power.
Fuhr Felix U-Bahn da mal so
von Kings Cross bis zum Tower?

Die Italien'sche. Zum Beginn
hört man's gleich richtig wirbeln.
Der Start kam Felix in den Sinn,
klar, beim Spaghetti-Zwirbeln.

War in Paris, der Schweiz, Berlin,
in München, Hamburg, Frankfurt,
in Leipzig, wo sehr früh man ihn
begrub, nachdem er krank wurd.

Zu Lebzeit wusste Felix kaum,
wo richtig er daheim war.
Und weiß das einer hier im Raum,
wo war er auch? In … Weimar.

Klar, hat den Goethe da besucht.
Und das schon mit 12 Jahren.
Der Alte hatte ihn gebucht.
Warum, sollt ihr erfahren.

Musik, für Goethe war's ein Muss.
Doch musikalisch, Leute,
war er 'ne richtig taube Nuss.
Obgleich sich jeder scheute,

das laut zu sagen. Irgendwie
war Felix dem Beseelten
ein wunderschönes Alibi
für Künste, die ihm fehlten.

Ganz wichtig ist in jedem Fall,
dass Felix was vertont hat
von Goethe, hier: die »Nachtigall«,.
Weiß nicht, ob sich's gelohnt hat.

Die Nachtigall, sie war entfernt,
Der Frühling lockt sie wieder;
Was Neues hat sie nicht gelernt,
Singt alte liebe Lieder.

Franz, der Liedermacher

Franz Schubert ist bekannt als Liedermacher
und auch noch heut ein richtig großer Kracher.
Ja, dieser Schubert ist ganz zweifelsfrei
fast so berühmt wie unser Reinhard Mey.

Und für den Franz wie für den Reinhard gilt:
Ein Lied von ihnen, immer malt's ein Bild
uns von Ereignissen, die sie erregten,
von den Gefühlen, die sie da bewegten.

Für Mey war das ein Über-Wolken-Flug.
Für Schubert war es jener Wasserkrug,
der, als er gerade fröhlich aus ihm trank,
ihm aus der Hand glitt und im Brunnenschacht versank.

Welch Schreck und Trauer fuhr ihm ins Gebein.
Spontan fiel ihm da Schillers **Taucher** ein.
Wie sehr ihn Kummer und Erregung packten,
malt er uns gleich schon in den ersten Takten.

http://imslp.org/wiki/Der_Taucher,_D.111_(Schubert,_Franz)

Und als er mal ganz schläfrig wurde am Klavier,
gab er sein trübes **Schlaflied** zu Papier.
Wie müde muss der Franz gewesen sein.
Und wie ich sehe, schlaft ihr gleich beim Lesen ein.

Doch aufgewacht. Hier ist die Episode,
als Franz in einer Sturmnacht fast zu Tode
erschrak, weil vom Orkan ganz wild bewegt,
ein Zweig der Erle vor dem Haus ans Fenster schlägt.

Jäh springt Franz aus dem Bette nachts um vier
und hämmert sein Erschrecken ins Klavier …
Erlkönig hatte diese wilde Melodie
ihm eingepeitscht in seine Phantasie.

Doch weiter. Ja, ich sag es hier ganz offen:
Franz Schubert war durchaus auch mal besoffen.
Als er mit seinem Freund, heut würd man sagen »Mann«,
schwer einen pichelte, saß er am Flügel dran.

Selbst seine Finger waren so granatenvoll,
dass jäh ein **Trinklied** aus den Tasten quoll.
Sternhagelblau muss er gewesen sein.
Drum ist dies Lied nur kurz, dann schlief er ein.

Ein letztes Beispiel hab ich noch für euch.
Und es ist spannend und erkenntnisreich.
Der junge Schubert sah mal aus dem Fenster raus.
Da stand auf einer Weide dicht am Haus

ein Pferd so schön, so würdevoll, so stark
und rot, ein Pferd so rot wie bei Franz Marc.
Gleich sprang er ans Klavier und schon erscholl
dies Liebeslied, hört selbst, wie wundervoll:

Sah ein Knab ein Rösslein stehn
Rösslein auf der Weiden.
War so stolz, so stark, so schön,
ging er gleich es nah zu sehn.
Sah's mit großen Freuden.

Rösslein, Rösslein, Rösslein rot,
Rösslein auf der Weiden.

Knabe sprach: »Ich wag es nicht,
Rösslein auf der Weiden.«
Rösslein sprach: »Ich trage Dich,
dass Du ewig denkst an mich,
denn ich kann Dich leiden.«

Rösslein, Rösslein, Rösslein rot,
Rösslein auf der Weiden.
Und der schöne Knabe ritt
's Rösslein auf der Weiden.
Rösslein aber ging nur Schritt,
dass der Knabe ja nicht litt,
tat's mit großen Freuden.

Rösslein, Rösslein, Rösslein rot,
Rösslein auf der Weiden.

Doch halt, kaum ist ihm dieses Lied verklungen,
kaum hat er voller Inbrunst es gesungen,
da sprang's ihn an, trieb ihn in tiefe Nöte.
So ähnlich war ja auch der Text von Goethe.

Und er verehrte Goethe andachtsvoll.
Drum brachte er dies Lied zu Ende, allerdings in Moll.
Mit Goethes **Röslein**. Doch das fiel ihm schwer,
weil das sein erster eigner Text gewesen wär,

der mit der Weide und dem stolzen Pferd.
Tja, Schuberts Lieder sind zwar immer noch begehrt,
doch wegen dieser Textstibitzerei
ist er nicht ganz so toll wie unser Reinhard Mey.

Der Erlkönig besucht Robert Schumann

Wer sitzt noch so spät am Klavier wie zerknittert?
Das ist Robert Schumann, und seht, wie er zittert.
Sehr verwunderlich, denn im Haus ist es warm.
Seine Clara nimmt ihn besorgt in den Arm.

»Ach, Robbi, was birgst Du so bang Dein Gesicht?«
»Hörst, Clara, Du die Stimme denn nicht?«
»Eine Stimme, mein schnuckliger Komponist?«
»Genau, eine Stimme, und zwar die von Franz Liszt.«

»Du, lieber Robert, hast Du irgendwann
ganz viel Schmalzbrot gegessen, so hör'n sie sich an,
Deine drei Romanzen Opus 28.
Und das Schmalz, lieber Freund, war sicher schon ranzig.«

»Ach, Clara, meine schönen Romanzen sind Mist.
Das flüstert mir gerad der geniale Franz Liszt.«
»Mein armer Robbi, ich sage Dir,
das war nur der Holzwurm im Hammerklavier.«

»Lass, Robert, das Komponieren sein.
Die ›Gesänge der Frühe‹, die schläfern mich ein.
Deine ›Nachtstücke‹ sind viel zu hart und zu spitzig.
Und die ›Humoreske‹? Was ist daran witzig?«

»Ach, Clara, ich glaub, ich hör polyphon.
Jetzt ist es die Stimme vom Mendelssohn.«
»Robbi, mein Robbi, lass doch das Gewimmer!
Das sind unsre Kinder im Nebenzimmer.«

»Du lieber Robert, Deine Fugen? Recht schwer.
So wie Deine Hände. Die wollen nicht mehr.
Hast Du dran gedacht, was man sonst noch so macht.
Ich hab zwanzig Kinder, und Du hast nur acht.«

»Du liebe Clara, das war Jonny Bach.«
»Ist ihm etwa Deine Toccata zu schwach?«
»Nein, nein, liebste Clara, der Bach war ganz nett.
Aber sag mal, mein Liebling, wann gehst Du ins Bett?«

»Heute gar nicht, mein Schatz. Das tut mir zwar weh.
Doch die Kutsche wartet, ich geh auf Tournee.«
Den Robert grauset's. Und aus tiefster Not
ruft er: »Clara, mach bitte noch Abendbrot.«

Der Bärtige

Johannes war ein Mann, so schön
mit herrlich blonden Locken.
Als Clara Schumann ihn geseh'n,
war sie voll von den Socken.

Da komponierte er noch wild,
fast ohne nachzudenken.
Doch Clara wusste sanft und mild
in Bahnen ihn zu lenken.

Doch halt? Die erste Sinfonie
klang wie Beethovens zehnte.
So brav in Stil und Harmonie,
dass Richard Wagner gähnte.

Und motzte. So auf Wagner-Art,
selbstherrlich wie kaum einer:
»Was Du da machst, hat so 'nen Bart
wie Palestrina seiner.«

Und Brahms? Der konterte knallhart
den arroganten Sachsen:
»Na klar, Du Depp. Dann eben Bart!«
Und … ließ sich einen wachsen.

Sah nicht so schick wie Verdis aus,
wie Dvoraks, flott verwirbelt.
Kein Schnäuzer wie bei Grieg und Strauß,
kunstvoll emporgezwirbelt.

Nein, Brahmsens Vollbart gräulich braun
hing struppig bis zur Brust ihm.
War er auch scheußlich anzuschau'n,
half er bei manchem Frust ihm.

Einst kam die Clara Schumann nicht,
da schrieb ihr der Betrübte:
»Der Mond verhüllt sein Angesicht,
genau wie ich, Geliebte.«

War Clara bei ihm, trieb sie gleich
ihm aus jedwede Flausen.
»Kein Kuss in dieses Kinn-Gesträuch.
Dafür kannst Du's ja zausen.«

Na, und das tat der Brahms denn auch
in vielen Lebenslagen.
Er hatte häufig Wut im Bauch
und der – wie soll ich sagen –,

sein Bauch, der schwoll auf XXL,
bis ihn kein Bart mehr deckte.
Denn Essen war Brahms' Freudenquell.
Man sah, dass es ihm schmeckte.

Man sah es so, dass Wagner sich
mokierte unverfroren:
»Der Verdi hat als Vorbild dich
für'n *Falstaff* sich erkoren.

Und dann: Dein Kopf- und Bartgestrüpp
ist schrecklich anzusehen.
Du könntest auf den Gammeltrip
glaubhaft als Hippie gehen.«

Brahms schrie: »Ein Hippie? Warum nicht?
Dann will ich mal probieren,
ab jetzt so wild und struppelicht
mein Zeug zu komponieren.

Ich pfeif auf jede Konvention.
Und weil ich euch zu fett bin,
hau ich jetzt als Versuchsversion
ein fettes Streichquartett hin.

Nein, besser: eine Rhapsodie,
'nen dicken krausen Batzen.
Und dann probier ich irgendwie,
das wilde Teil zu jazzen!«

Johannes machte halt sein Krams.
War eben Brahms.

Claude, der Geschickte

Der Claude, der hätte völlig unbemerkt und still
als Pförtner leben können mit 'ner kleinen Rente.
Doch schon als Jüngling traf er auf Madame Fleurville
und die sah seine musikalischen Talente.

Das heißt, sie sah zunächst in diesem jungen Mann
den schönen hochbegabten Tastenvirtuosen.
Doch dieser ach so fromme Wunsch ging irgendwann,
ich sag es mal ganz schlicht … voll in die Hosen.

Vielleicht war ja sein Anschlag lahm und zu verzagt,
vielleicht griff er dabei auch schlicht zu oft daneben.
»Wenn das so ist«, hat sich da unser Claude gesagt,
»na, bitte schön, dann komponier ich eben.

Als Komponist hab ich auch beide Hände frei
und kann mit ihnen mir diverse Damen schnappen.
Ob es nun Gaby, Emma oder Lily sei
und ob sich die Affären häufig überlappen.

Nur hab ich leider dabei immer ein Problem:
Keine der Damen hat so richtig Kies im Rücken.
Ich würd ja gerne eine reiche Tussi nehm.
Doch kann in diesem Leben ja nicht alles glücken.

Doch Schreiben kann ich auch … mit Kokain im Blut.
Als Komponist muss ich ja auch nicht auf die Bühne.
Und so ein Rausch war für die »Arabesken« gut,
vier Gläser Rotwein brauchte ich für ›Clair la lune‹.«

Ja, Debussy, der hat sich meistens arrangiert.
Und ist dabei auch oft nicht gar so schlecht gefahren.
Hat komponiert und komponiert und komponiert.
Das hat schon was gebracht in 56 Jahren.

Ich mach es kurz mit der Moral von der Geschicht:
So ein Klaviergefühl kann man kaum antrainieren,
und triffst am Flügel du die richt'gen Tasten nicht,
kannst Du ja immer noch erfolgreich komponieren.

Der Bolero

Ja, die Musik war für Maurice Ravel
nicht nur ein reicher Schatz an Melodien.
O nein, sie war für ihn ein steter Quell,
ein reicher Quell gelebter Fantasien.

Die Fantasie ließ ihn auf weite Reisen gehn.
Im schnöden Alltag lebte er nur selten.
Er hat sich selber gern als Kind gesehn
und träumte sich in zauberhafte Welten.

Als er im Traum mit einer Spanierin
im Tanz sich drehte, sie sich an ihn schmiegte,
ergriff es ihn, er spürte ganz tief drin:
Das war ja ein Bolero, der ihn wiegte.

Schon saß er wie verzaubert am Klavier
und griff verzückt die ersten lock'ren Takte.
Da spürte er, dass plötzlich jetzt und hier
ihn eine wilde Lust zum Spielen packte.

Die packte ihn sehr oft, er hatte Spaß
an Zinnsoldaten, einer Gliederpuppe.
Und wenn er Klötzchen stapelnd auf dem Boden saß,
war die Musik in dem Moment ihm schnuppe.

Auch sein Bolero, aber plötzlich irgendwann …
ein Ton, ein Klang. Da sprang er wie besessen
an das Klavier und fing von vorne an.
Den Anfang hatte er beim Burgen bau'n vergessen.

Das ging auch wie geschmiert, war gar nicht schwer.
Doch schon nach dreißig Takten. Ich könnt schwören:
Da sah er diesen süßen kleinen Teddybär,
den musste er ganz dringend brummen hören.

Am Abend saß er mit Marie beim Wein
und spielte nebenbei mit ein paar Tänzerinnen
aus Blech … Prompt fiel ihm sein Bolero ein,
und er begann … ihn noch mal zu beginnen.

Dann baute er aus Kissen einen Stier
und spielte voll Begeisterung Torero,
erstach das wilde Tier, sprang ans Klavier
und komponierte nochmals den Bolero.

Und das zum achten oder neunten Mal.
Die gleiche Tonart wollt ihm nie gelingen.
Ja, der Bolero wurde langsam ihm zur Qual.
Er konnt ihn einfach nicht zu Ende bringen.

Denn schon die ersten Takte waren irgendwie
verbandelt mit der irren Lust am Spielen.
Ein Puppentanz und diese Melodie
erzeugten stets ein Wirbeln von Gefühlen.

Ja, auch bei mir. Ich mag Ravels Musik.
Und im Bolero hab ich mich sehr oft verloren …
so etwa zehn Minuten lang. Dann krieg
ich es, verzeih Maurice, stets an den Ohren.

Ich find ja eines äußerst angenehm
an des Boleros stetem Melodiegeflechte:
Man kann ihn kürzen und verlängern, je nachdem,
was man dann hinterher noch machen möchte.

Griegs Peer Gynt Suite

Dass Spaß er beim Klavierspiel hatte,
fand Edvards Vater gar nicht toll.
Er sollte Sprachen lernen, Mathe …
Doch Edvard fand es grauenvoll,

wenn überm Mathebuch er hockte
und draußen hell die Sonne schien,
durchs Fenster ihn die Birke lockte.
Und die hing voller Melodien.

Die Zahlen tanzten vor den Augen
als Notenreigen. Sanfter Wind
trug unsern Edmund nach Troldhaugen.
Na klar, zur Hochzeit von Peer Gynt.

Ne Hochzeit? Ja, was soll ich sagen:
Edvard hat fest daran geglaubt.
Betroffen hört er Ingrids Klagen.
Sie wurde von Peer Gynt geraubt …

und gleich verlassen nach dem Balle.
Grieg fand das so brutal und roh,
dass er laut weinend in die Halle
des wilden Bergkönigs entfloh.

Er sah den großen König schreiten
zu dem in Stein gehau'nen Thron.
Da hört er's aus der Tasche läuten:
Peer Gynt! Der war am Telefon.

»Bin nach Marokko aufgebrochen.
Um meine Solveig tut's mir leid.
Ach bitte, tröst sie zwei, drei Wochen.
Sie wartet, singt die ganze Zeit.«

Dies Lied klingt Edvard in den Ohren.
Da ruft Peer Gynt ihn wieder an:
»Bin hier im Wüstensand verloren,
war völlig in Anitras Bann.

Erst hat sie mir mein Herz gestohlen,
für mich getanzt als meine Braut.
Jetzt soll das Biest der Teufel holen.
Sie hat mich bis aufs Hemd beklaut.

Die Tränen füllen mir die Augen.
Ich sehne mich weit weg von hier
nach meiner Solveig, nach Troldhaugen,
nach Morgenstimmung … mit 'nem Bier.«

Den Edvard rührten diese Klagen:
»Du, wir vermissen dich hier sehr.
Das nächste Schiff fährt in drei Tagen.
Kehr heim, kehr heim, mein lieber Peer.

Solveig wird nicht mit Küssen geizen.
Und sie serviert Dir hinterher
ein Becks-Bier oder Hefeweizen
und Morgenstimmung … und noch mehr.«

Komponistenlimericks

Drohung

Oft nervte der junge Mendelssohn
seinen alten Klavierlehrer Wendel schon.
Wenn er Bach spielen sollte
und das nicht wollte,
musste Wendel ihm schon mal mit Händel droh'n.

Andere Zeiten

Für Geigensaiten Vivaldi
sich das Geld fast in jedem Fall lieh.
In jenen Zeiten
waren Geigensaiten
teuer, denn es gab noch nicht Aldi.

Selbstherrlich

Noch im Alter fiel Joseph Haydn
gerne auf und war wenig bescheiden.
Stand die Schöpfung an,
musste er dann und wann
sich partout doch als Herrgott verkleiden.

Rüge

Seine Clara sprach zu Robert Schumann:
Ich seh, du nimmst immer mehr zu, Mann.
Dass du mit diesem Wanst
noch Klavier spielen kannst …
Und du kriegst ja kaum mehr deine Schuh an.

Für Elise

Seine Einfälle kamen Beethoven,
sagen wir: beim Stochern im Ofen,
beim Schlaf auf der Wiese.
Aber bei »Für Elise«,
war er schlicht und einfach besoven.

Zarter Anschlag

Das Fingerspiel von Friedrich Liszt
Frau Sayn-Wittgenstein niemals vergisst.
Diese Kraft, die er hatte …
Sein Anschlag? Wie Watte …
Und das nicht nur als Pianist.

Versprechen

Die Schmacht-Serenade von Schubert
war zu Lebzeiten kaum einen Sou wert.
Hältst Du sie heut
für die Liebste bereit,
sie ihr Schlafzimmer *hinter* Dir zusperrt.

Symptom

Einst spürte der herrliche Claude Debussy
bei der Arbeit an der h-moll-Sinfonie
starke Schmerzen im Bauch.
Und das hört man ja auch
am Rhythmus und der Melodie … irgendwie.

Wirkung

Als morgens der Friederich Smetana
diesen Frost auf dem Thermometer sah,
er die »Moldau« schrieb,
dass sie eisfrei blieb.
Selbst der Frühling war nur wenig später da.

Erfolg

Als in Morgenstimmung der Grieg
in die Halle des Bergkönigs stieg,
traf er dort auf Peer Gynt.
Und der machte geschwind
die Musik von dem Grieg rasch publik.

Der Grund

Als er Salome schrieb, hatte Strauß
kein Krümelchen Tabak im Haus.
Da war er exakt
grad beim ersten Akt.
Deshalb ließ er den zweiten aus.

Verflüchtigt

Einst hatte Jean Philipp Rameau
am Cembalo nur eben seau
eine Pièce-Idee.
Doch schon war sie passé,
denn er musste ganz plötzlich aufs Kleau.

Teil 2
Wie wollen wir leben?

Ökologisch und in Wathosen

Entscheidende Maßnahmen

(UN-Klimakonferenz)

Ja, unsre Umwelt ist bedroht.
Von Tag zu Tag extremer.
Drum gilt totales Rauchverbot
für Konferenzteilnehmer.

Man fährt nicht mit dem Auto vor.
Man musste sich verpflichten,
auf Laptop und IT-Komfort
grundsätzlich zu verzichten.

Im Saal lässt man die Heizung dicht,
auch wenn die Fidschis frieren.
Auch warmes Essen gibt es nicht.
Und wenn beim Diskutieren

es hitzig wird, wenn Wort um Wort
es stürmisch dort im Saal ist,
speist man die Energie sofort
ins Stromnetz, was genial ist:

So tagen sie am Tag nicht nur,
o nein, sie tagen, tagen,
bis die Gehirne im Parcours
nachts fast den Dienst versagen.

Welch eine Antwort – beispielhaft! –
auf alle Klimafragen.
So schafft man es aus eigner Kraft.
Man muss nur öfter tagen.

Prima Klima

Wie man so hört, schlägt die EU
im Klimaschutz unheimlich zu,
zwingt unsre Autoindustrie
mit Abgaswerten in die Knie.
Wird man jetzt in Regierungskreisen
nur noch im Opel Corsa reisen?
Wohl kaum. Auch Du willst doch mitnichten
auf deinen dicken Benz verzichten.

Und Du auf deinen Audi acht.
Ham die da richtig mitgedacht?
Auch sind ja noch die Ölscheichs da.
Na bitte. Wozu das Trara?
Dies Angstszenarium? Alles Show!
Der Klimagau kommt sowieso.
Wir alle müssen nur beizeiten
uns voller Sorgfalt vorbereiten.

Montage: Peter Pawlowski

Was haltet ihr von dieser Hose?
Trägt sich am Bein zwar etwas lose,
doch um die Taille sehr bequem,
auch im Gesäß recht angenehm.
Und auch ihr Damen, ja, ihr Schönen,
ihr müsst euch langsam dran gewöhnen,
dass dieses schicke Beinkleid bald
auch euren Körper zart umwallt.

Ihr seid – wollt ihr zum Edeka –
in diesen Hosen schneller da
als mit dem Schlauchboot. Ja, und dann
man niemals sicher sagen kann:
Schwappt heut die Flut noch ratzefatz
hoch bis auf den Theaterplatz?
Wollt ihr mit den Premierenkarten
dann auf die nächste Ebbe warten?

Und was ihr mir schon glauben könnt:
So Hosen sind dann voll im Trend.
Und letzten Endes könn' die meisten
sich auch kein teures Schlauchboot leisten.
Selbst in Hannover kann bequem
man jetzt den Vaporetto nehm'.
Das Schiff verkehrt rund um die Uhr
Hauptbahnhof – Laatzen und retour.

Das Opernhaus liegt jetzt am Rande
des herrlichen Canale Grande.
Man fährt zu Mozarts Figaro
mit einer Gondel und Niveau.
Und trägt die Hose voller Charme
ganz leicht und lässig überm Arm.
Die nächste Sturmflut kommt exakt
vielleicht schon nach dem dritten Akt.

Nein, es gibt keinen Grund zur Klage.
Ist alles 'ne Gewöhnungsfrage.
Und dann die Sommer!!! Ganz entspannt
liegt man in Vahrenwald am Strand.
Gen Nienburg reih'n sich süße Inseln
mit weißem Sand und Palmenpinseln.
Kurzum, das ist dann Deutschlands Norden,
und richtig attraktiv geworden.

Weg sind jetzt Hamburg, Kiel und Bremen.
Tja, wie es kommt, so muss man's nehmen.
Und dann: Hamburger? Sind doch fade.
Um Werder Bremen ist's zwar schade,
doch muss man nun Ostfriesendeppen
nicht mehr durch Pisa-Studien schleppen.
Wir haben ja, ich find das spitze,
auch in Hannover klasse Witze.

Deshalb: Der CO_2-Ausstoß
schafft demnächst denen Ärger bloß,
die nicht voll Sorgfalt und beizeiten
sich auf die Folgen vorbereiten,
die sich nicht gern von Altem trennen
und Neues nicht genießen können.
Wie ich in diese Hose passe?
Ganz ehrlich? Prima! Sie ist klasse!

10. Februar 2020. Ein denkwürdiges Datum.
Wir erleben einen mächtigen Wintersturm, der den Flug- und Bahnverkehr lahmlegt.
Und wir erleben, dass Annegret Kramp-Karrenbauer auf ihre Kanzlerkandidatur verzichtet.

Sturmtief Sabine

Sabine hat mich angemacht,
nahm mich mit Haut und Haar.
Ich hatte zwar an sie gedacht,
doch nicht, wie stark sie war.

Sabine hat mich umgehau'n.
Sie griff mir in den Lauf.
Sie schmiss mich an den Gartenzaun,
riss mir den Mantel auf.

Sabine kam, wild wie ein Tier.
Verzerrt war ihr Gesicht.
Sie lag auf mir voll Lust und Gier.
Nein, Liebe war das nicht.

Und doch, Sabine, mag ich dich.
Hast mich zwar umgemäht,
doch dann, kein bisschen zimperlich,
auch Annegret verweht.

Vorsätze für das neue Jahr

Was habe ich für dieses Jahr mir vorgenommen,
als an Silvester nachts ich in den Regen sah?
Und was ist jetzt schon dabei rausgekommen?
Vorsichtig ausgedrückt: na ja, na ja …

Das neue Jahr hat nicht einmal zwei Wochen.
Hab täglich Nordic Walking ich gemacht?
Und auch den zweiten Vorsatz hab ich schon gebrochen:
mich nicht zu ärgern, eh ich gründlich nachgedacht.

Doch dann kam dieses Ding vom Nachbar Klassen.
Der hackte Holz, als Mittagsruhe war.
Ich wollte mich nie wieder provozieren lassen.
Das hab ich mir geschworen noch im alten Jahr.

Aus Ärger habe ich mir heute Morgen
den Durst mit einem Gläschen Sekt gestillt.
Mein Vorsatz war: ich wollte dafür sorgen,
dass mir der Bauch nicht länger übern Gürtel quillt.

Darum jetzt früher aufsteh'n und noch vor dem Essen
Gymnastik, und danach ist Müsli Pflicht.
Den Müslikauf hab ich total vergessen.
Früh aufsteh'n plus Gymnastik schaff ich nicht.

Tja, dieses neue Jahr hat nicht einmal zwei Wochen,
und was hab ich schon wieder alles falsch gemacht?
Mein Vorsatz: Hab's mir in die Hand versprochen:
Kein Vorsatz mehr in der Silvesternacht!!

Auf Abstand mit Mundschutz

Kleine Ansage

Mutter Natur hat sich gedacht:
Ihr habt mich so beschädigt.
Jetzt, Kinder, ist mal Schicht im Schacht,
und das wird prompt erledigt.

Zig Katastrophen weit verstreut
war'n kaum zu etwas nütze.
Und deshalb kriegt ihr alle heut
gemeinsam auf die Mütze.

Ich weiß ja, eine Mutter soll
ans Wohl der Kinder denken.
Ich werde also liebevoll
euch eine Seuche schenken.

Damit die Kinder in Wuhan
das Blau des Himmels sehen.
Dass Paps mit Julchen spielen kann,
mit Lumpi Gassi gehen.

Damit Annett mal wieder sieht,
wie liebevoll Mama ist,
dass Fred um Vater sich bemüht,
solange der noch da ist.

Damit die Villa im Tessin
ganz plötzlich nichts mehr wert ist.
Dafür die Bank im Frühlingsgrün
so wertvoll und begehrt ist.

Vielleicht habt ihr auch ’ne Idee,
wie ihr gemeinsam, Leute,
die Buchhandlung und das Café
bewahrt vor einer Pleite.

Tja, die Natur bläst uns den Marsch.
Doch lässt sich kaum ermessen,
ob wir nicht diesen Tritt in’n Arsch
dann wieder schnell vergessen.

Vorsorge I

Ich habe mich so eingedeckt,
dass ich mich sicher wähne
und keine Pandemie mich schreckt
und keine Quarantäne.

Mit Nudeln, Ketchup, Dosenbier,
das würde ich vermissen.
Mit Seife, Salbe, Klopapier.
Na ja, man kann nicht wissen …

Jetzt hort ich von der Liebsten noch
zweihundertfünfzig Küsse,
weil man, das rät der Robert Koch,
ja Abstand halten müsse.

Die Liebste wollte jetzt vorher
mir noch fünf Nächte schenken.
Schwächt das nicht die Immunabwehr?
Da hab ich doch Bedenken.

Vorsorge 2

Foto: Klaus Pawlowski

Schutzmasken, ja, die sind für mich
schon eine tolle Sache.
Denn ich versprüh mich öffentlich,
wenn ich den Mund aufmache.

Maskiert bin ich so flott und schön,
ganz ohne mich zu schminken.
Man kann den Zottelbart nicht sehn
und meinen krummen Zinken.

Man sieht nur meiner Augen Blau
und meine Stirn, die hehre.
Beim Aldi fragte mich 'ne Frau,
ob ich Pilawa wäre.

Obwohl zum Selberbasteln schnell
im Netz ich tausend Tipps fand,
schuf ich mein eigenes Modell
aus Unterhemd und Ripsband.

Für mich sind Masken explizit
schon eine tolle Sache.
Nur schade, dass man so nicht sieht,
dass ich gern herzlich lache.

Familienweihnacht 2020

Für Weihnachtsfeiern sind, wie heute jeder weiß,
nur maximal zehn Menschen zugelassen.
Wir sind schon sechs im engsten familiären Kreis.
Familienweihnacht? Ne, da müssen wir wohl passen.

Wenn ich wie jedes Jahr jetzt meine Eltern bitt,
gibt es von Mutter zwar die tolle Zabaglione.
Doch bringen meine Eltern dann auch Bruder Jochen mit
wie jedes Jahr und, klar, auch seine Frau Simone.

Doch kommen die, was machen wir denn dann
mit Karins Eltern plus der Schwägerin Marianne?
Die schleppten immer diese tolle Mastgans an,
und sorgten vorher schon für eine Nordmanntanne.

Doch laden wir jetzt Jochen und Simone aus,
dann werden sicher meine Eltern nicht nur grollen …
Nein, nein, sie bleiben ihrerseits bestimmt zuhaus,
schon weil sie nicht allein im Auto fahren wollen.

Und Karins Eltern? Nun, die würden ja wohl kaum
zugunsten meiner Eltern gern zu Hause bleiben.
Und wenn, dann könnten wir den schönen Baum
und auch den Gänsebraten in den Schornstein schreiben.

Ich fürchte, da hilft nicht einmal ein Engelschor.
Und auch das Christkind zieht kaum ein mit seinem Segen.
Es sei denn, es schlägt Merkels Krisenrunde vor,
das Weihnachtsfest komplett auf Ostern zu verlegen.

Und weil ich notgedrungen optimistisch bin:
Die kriegen das hin!

Wut im Bauch

Zeichnung: Mia Alisa Steinke

Trumps Corona-Infektion? Aus meiner Sicht?
War ich schadenfroh? Nein, nein, das trifft es nicht.
Viel viel mehr: Es packte mich die wilde Wut,
als sich da (mir fehlt ein bess're Attribut,
deshalb sag' ich:) dieser »Sack mit Ohren«
einfach aufgebaut hat und dann unverfroren
aller Welt verkündete mit dicker Lippe,
Covid neunzehn sei nix als 'ne kleine Grippe.

Kurz geschwitzt, weg sei dies dumme Ärgernis!
Wie er ohne Mundschutz in sein Mikro biss,
wie er fett und frech da stand auf dem Balkon,
vollgepumpt mit diesem Dexamethason,
das sich außer ihm kein Ami leisten kann,
fiel mich eine (zugegeben) böse Hoffnung an:
Nebenwirkungen. Es muss doch welche geben.
Klar, die gab's. Und deshalb konnten wir erleben,
wie er seine Wiederwahl in die bewusste
und so viel zitierte Tonne trumpen musste.

Krisenmanagement I

Kaum zu glauben, doch weltweit
ist auch diese bitt're Zeit
voll Elan und hoffnungsträchtig.
Während da fast übermächtig

Krisen unsern Globus schütteln,
an den Fundamenten rütteln,
Horrornachrichten uns schrecken,
Masken selbst die Augen decken,

kann viel Fortschritt endlich greifen.
Hinter breiten Abstandsstreifen,
unbemerkt von Inspektoren,
sich durchs Ötztal Bagger bohren.

Endlich kann man nach Belieben
Pipelines durch Alberta schieben.
Hinterm Mundschutz wird empfohlen:
»Jetzt in Polen Kohlen holen!«

Und das Beste: Nix Proteste.
In Rumänien gibt's noch Reste
überflüss'ger Urwaldriesen.
Keiner merkt es: Weg mit diesen.

Aus Brasiliens Regenwald
wieder munt'res Sägen schallt.
Während alles konzentriert
auf das böse Virus stiert,

Kontrolleure, Inspektoren
mit dem Mundschutz an den Ohren
sich das dumpfe Sprechen sparen
und den nöt'gen Abstand wahren,

geht's inzwischen richtig los.
Unsere Erde ist so groß,
und sie hält so viel bereit.
Nutzt sie, die Coronazeit!

Krisenmanagement 2

Mitte 2020 regte das Verteidigungsministerium der USA an, Teile unserer Bundeswehr in Polen zu stationieren, um gegen eine Bedrohung aus dem Osten gewappnet zu sein. Und die Waffensysteme sollten modernisiert werden. Außerdem wurden die Waffenlieferungen in Krisengebiete verstärkt.

Kaum zu glauben, doch weltweit
ist auch diese bitt're Zeit
voll Elan und zukunftsträchtig.
Während da fast übermächtig
Viren unsern Globus schütteln,
an den Fundamenten rütteln,
Horrornachrichten uns schrecken,
Masken selbst die Augen decken,
sehen wir auch sie nicht mehr:
All die Feinde um uns her,
die mit Waffen, grauenvollen,
bös uns überrollen wollen.

Ja, Corona macht uns blind.
Gut, dass andre wachsam sind.
Kampfbereit und nicht allein
steht für uns die Wacht am Rhein.
Doch was sage ich? Am Rhein?
Nein, jetzt soll's die Weichsel sein.
Hat der große Freund entschieden
und das alles für den Frieden.
Den zu schützen, das ist Pflicht.
Denn wer weiß schon, ob da nicht
in Herrn Putin Pläne reifen,
uns mit Viren anzugreifen.

Und die sind, das ist doch klar,
nuklear und atomar.
Es gilt, Putin abzuschrecken.
Deshalb lauern in Verstecken,
in Depots und Katakomben
Sprengköpfe, na klar … und Bomben.
Deshalb lassen wir die besten
Panzer und Haubitzen testen,
dass im Fall von Aggressionen
sich Investitionen lohnen.

Deshalb lassen wir auch weiter
unsre strammen Eurofighter
so mit zwei-, dreitausend Sachen
durch die Sommerwölkchen krachen.
Doch die Vögel kränkeln sehr.
Deshalb müssen neue her:
Kampfjets, die F18 heißen.
Und wenn die mal Bomben schmeißen …
Klar, die kosten richtig Geld.
Aber woll'n auf dieser Welt
Frieden wir nicht nur zum Schein,
darf uns nichts zu teuer sein.

Und weil Frieden ernst wir nehmen,
gibt's jetzt Waffen für den Jemen.
Und wir steigern die Exporte
auch an andre Krisenorte.
Und das Beste: Kaum Proteste.
Klar, noch gibt's viral gestresste,
reduzierte Friedensforen
mit dem Mundschutz an den Ohren,
die den nöt'gen Abstand halten
und ein Transparent entfalten.

Doch das tun zurzeit ja viele,
und die haben andre Ziele,
als da irgendwelche Waffen
einzumotten, abzuschaffen.
Während alle Unheil wittern,
angstvoll vor dem Virus zittern,
während Vater, Mutter, Kind
unter Quarantäne sind
und der Impfstoff Blasen schlägt,
wird woanders viel bewegt.

Denn da können völlig frei
von dem scheiß Protestgeschrei
viele tapfere Soldaten
an den Grenzen freier Staaten,
wo sie für uns Wache steh'n,
unbedrängt und souverän
heute, morgen, übermorgen
kraftvoll für den Frieden sorgen.

Also: statt zu demonstrieren,
in die Zukunft investieren!!

Wünsche

(nach dem Lockdown im Januar 2021)

Dies Jahr ist jung noch, doch so downgelockt,
dass mancher Wunsch bei mir in Quarantäne hockt.
Ich wünsch mir Tests. Ich bin für Qualität,
wenn es um Handys oder Wanderschuhe geht.
Und positiv getestet heißt ja dann:
Dass ich mit diesem Kauf gut leben kann.

Drei Meter Abstand sind für mich okay
… wenn ich beim Dartspiel vor der Scheibe steh.
Doch möchte ich, statt nur von fern zu winken,
mit meinen Nachbarn wieder Kaffee trinken.
Dann sprech ich gern auch übers Isolieren
von Sprossenfenstern oder Kellertüren.

Ich würd gern stundenlang die Bude lüften,
die Nase baden in den lauen Frühlingsdüften,
Drum möchte ich auch nur noch Maske tragen
am Bienenstock und an den tollen Tagen.
Und eine Spritze setz ich an für alle Fälle
bei meinen Enkeln, klar: ’ne finanzielle.

Auch wünsch ich mir mal wieder eine Reise.
Und ganz weit fort: Brasilien beispielsweise.
Erfreu mich dort am sommerlichen Klima
und trinke mit dem Girl from Ipanema
ein kühles Bier am Strand, dem herrlich weißen.
Dies Bierchen darf auch gern CORONA heißen.

Im Januar 2021 wurden Bürgerinnen und Bürger, die über 80 Jahre alt waren, aufgefordert, sich um einen Impftermin zu bemühen. Leider war dieses Bemühen nur sehr selten von Erfolg gekrönt: Die angegebene Service-Nummer war immer besetzt, wer es mit einer E-Mail versuchte, wurde vertröstet. Die Impfzentren waren vorbereitet, aber es gab nicht ausreichend Impfstoff. Da machte das folgende Gedicht die Runde.

Möhren

Spahn hat von seinem Taschengeld
– bei Amazon wahrscheinlich –
Millionen Dosen Zeugs bestellt.
Nein, Spahn war da nicht kleinlich.

Die Dosen kamen, das ist Fakt.
Man konnt' es klappern hören.
Als Spahn die Dosen ausgepackt,
warn Erbsen drin und Möhren.

Der Vorteil sei, wie Spahn verspricht:
Man muss das Zeugs nicht kühlen.
Zwar passen Erbsen, Möhren nicht
in Spritzen und Kanülen …

Doch Spahn sagt, dass, wer Möhren isst,
an Abwehrkräften zulegt,
und so verläng're sich die Frist,
bis dass das Virus zuschlägt.

Ich esse heute erst einmal
’ne ganze Dose Möhren.
Dann muss ich auch mein Impfportal
– das pennt zurzeit – nicht stören.

Fröhliche Ostern

Das zweite Osterfest im Zeichen der Pandemie trieb die Inzidenzwerte in neue Höhen und ließ die dritte Welle das Land überfluten.
Aber während Klein-Mäxchen und sein Schwesterchen Leni nicht Oma und Opa besuchen durften, wurden ganze Ladungen von Touristen nach Mallorca geflogen.

Ich ließ vor Tagen mich verpflichten,
was richtig Witziges zu dichten,
um diese tristen Ostertage
in downgelockter Krisenlage

mit heit'rer Bissigkeit zu füllen.
Wie soll das gehn, um Gottes willen?
Das Chaos der Coronaregeln
wird keinen aus den Schuhen kegeln

vor Lachen. Doch ich weiß, es gibt
so viel, was man an Ostern liebt.
Coronafreie Ostersachen.
Nur: Kann man daraus Witze machen?

Zum Beispiel sind so Osterlämmer
nicht gerade die Satirehämmer.
Und Witze übers Eierblasen?
Das gilt auch für die Osterhasen

aus zarter Vollmilchschokolade.
Ich meine, wenn man sich nicht gerade
beim Eiersuchen hinterm Haus
(doch doch, man darf mit Mundschutz raus)

auf einen draufsetzt aus Versehn,
der sich dann schokoladig schön
zu einem braunen Fleck verbreitert,
was zugegeben stets erheitert.

Doch dass man, unterm Schrank versteckt,
ein Ei vom letzten Jahr entdeckt,
ist kaum satirekompatibel.
Auch, dass mir regelmäßig übel

wird, wenn ich Eier mit Likör,
weil das erwartet wird, verzehr.
Nein, ich find gerade gar nichts lustig.
Und ganz besonders packt der Frust mich,

wenn ich so aus dem Fenster blicke.
Osterspaziergang mit der Clique?
Von wegen. Nee, wahrscheinlich sitz ich
und glotze Fußball. Furchtbar witzig!

Und kurz die Nachbarn zu besuchen
mit einem Ostereier-Kuchen,
und den dann unterm Mundschutz essen?
Das kannste doch als Witz vergessen.

Auch still im Osterglöckchengarten
auf einen Impftermin zu warten.
Und Auferstehn in dieser Zeit
sorgt auch nicht recht für Heiterkeit.

Denn eignet sich als Spaß-Klamotte
das Auferstehn der TUI-Flotte,
um Freaks nach Malle auszufliegen?
Und ich darf hier nicht mal nach Rügen?

Wo ist denn da der Witz verborgen?
Fest steht nicht erst am Ostermorgen:
Es liegt für uns zum Osterfest
ein Virus mit im Osternest.

Was die oben mit ihm machen,
ist zwar ein Witz, doch nicht zum Lachen.
Was kann an Ostern lustig sein?
Da fällt mir nichts, rein gar nichts ein.

Der Stufenplan

Noch im März schlug Jens Spahn der Ministerrunde einen »Stufenplan« mit bahnbrechenden Regelungen zur Eindämmung der Pandemie vor. Diese Regelungen waren so glasklar, dass sie niemand recht einordnen konnte.

Verkündet hat ihn stolz Jens Spahn.
Jetzt haben wir ihn endlich,
den wunderbaren Stufenplan,
für jeden gut verständlich.

Bei einem Inzidenzgeschehn
von unter fünfundachtzig
darf man vorm Karstadt-Fenster stehn
so lang man will, nur nachts nich.

Ein Wert von fünfzig Komma zwei?
Rein rechnerisch ergibt sich
ein Nettowert von dreißig drei,
ein Bruttowert von siebzig.

Und treffen dürfen sich zum Bier
drei Komma fünf Personen,
doch höchsten mit zwei Komma vier
in überwachten Zonen.

Auch Selbsttests kommen groß ins Spiel
für jede Lebenslage.
Zur Not geht's mit 'nem Eis am Stiel
und einer Wasserwaage.

Ich ess gern im Akropolis.
Da lässt Jens Spahn mich hoffen:
Zur nächsten Sonnenfinsternis
sind die Lokale offen.

Demnächst fließt auch so flott wie nie
der Überbrückungsschotter.
Die Deutsche Klassenlotterie
macht das bald merklich flotter.

Ja, dieser starke Stufenplan
gibt Hoffnung. In drei Wochen
kommt der April. Das hat Jens Spahn
uns allen fest versprochen.

Hurra! Geimpft!

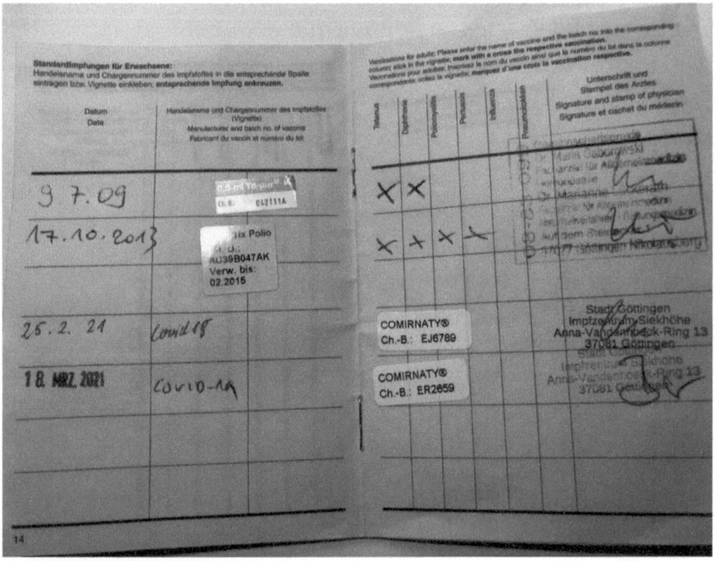

Foto: Klaus Pawlowski

Ich hab die zweite Spritze drin,
weil ich schon über achtzig bin.
Jetzt habe ich gut lachen.
Vorbei ist es mit dem Lockdown.
Ich darf jetzt auf die Pauke haun
und lass es richtig krachen.

Jens Spahn will, dass ich alles darf.
Deshalb bin ich besonders scharf
auf eine stramme Sause.
Schnapp mir den Nierengurt und stepp
in Jonnys Bar den Stützstrumpf-Rap
zwei Stunden ohne Pause.

Hab Oma Uschi angemacht,
mit ihr 'ne wilde Nacht verbracht.
Da ärgert sich Freund Kalle.
Der hat noch keinen Impftermin,
darf weder um die Häuser ziehn,
noch in die Kletterhalle.

Ich schon. Doch mein Arthroseknie
tut höllisch weh. Und irgendwie
fühl ich mich schlapp und alle.
Auch wenn ich Kletterhallen hass,
ich darf da rein, drum mach ich das,
allein schon wegen Kalle.

Der hängt noch voll drin im Lockdown
und schielt ganz neidisch übern Zaun.
Das macht mich ziemlich glücklich.
Ich will's auch sein um jeden Preis.
Denn hier, mein gelber Impfausweis
befiehlt es mir ausdrücklich.

Pandemische Limericks

Drohung

Der Gunter, ein harter Ostfriese,
kommt als Bankräuber gut durch die Krise.
Am Schalter zieht Gunter
die Maske kurz runter
und ruft: »Geld her, oder ich niese!«

Brauchbare Lösung

Es konnte Annett aus Holzminden
beim Aldi Bewunderung finden.
Ohne Mundschutz lief nix.
Da beschloss sie ganz fix,
sich ihren BH vorzubinden.

Alles gut

Die Birgitt aus Bremen-Vahr
trägt 'ne Maske aus Katzenhaar.
Ihr Nachbar, der Fred,
ist allergisch. Jetzt geht
das auch mit dem Abstand klar.

Immerhin

Der Fischer Jan-Ove aus Norddeich,
der sabbelte ungewohnt wortreich:
»Is allens nur Käse
dat Corona-Gewese …«,
Und verkroch sich (mit Mundschutz) an Bord gleich.

Na bitte!

Der Landwirt Ole auf Sylt
trägt jetzt Mund und Nase verhüllt.
Seinem Bruder, dem Knut,
gefällt das sehr gut.
Ole klingt schön gedämpft, wenn er brüllt.

Alles hat Vorteile

Zwei Verliebte aus Bremerhaven
sich zum Essen beim Griechen gern trafen.
Er liebt Knoblauch sehr.
Doch das stört sie nicht mehr,
weil sie jetzt getrennt essen und schlafen.

Konsequent

Es betreiben zwei Frau'n aus Stadthagen
Extremschutz, und das schon seit Tagen.
So versäumen sie nicht,
ihren Schutz fürs Gesicht
auch beim Zähneputzen zu tragen.

Genesung

Es spürte die Gerti aus Verden,
sie würde kränklich bald werden.
Sie trennte sich
von Hans-Friederich.
Und jetzt ist sie frei von Beschwerden.

Man kann nicht alles haben

Eine reizende Dame aus Kiel
hat gehamstert, und zwar reichlich viel:
Kaffee, Wein, Kaviar …
Was nicht vorrätig war,
war ein faltenfreies Profil.

Fehlende Stütze

Der Landwirt Ferdi aus Fischen
tat gern mit Freund Veit einen zischen.
Hatte er einen sitzen,
ließ vom Veit er sich stützen.
Doch jetzt gibt's zu viel Abstand dazwischen.

Makel

Es weckt in der Kati in Hamburg-Horn
dieser Mundschutz, wenn auch verhalten, Zorn.
Die Mund-Nasen-Partie
bedeckt er, doch nie
die anderen saublöden Falten vorn.

Mit megageilen Teilen

Megageile Teile

Foto: Klaus Pawlowski

Du, so ein Elektro-Scooter,
der macht mega Fun, mein Guter.
Draufgestellt und Knopf gedrückt,
und schon zischt er wie verrückt

durch die Gegend. Mit dir drauf.
Keiner, keiner hält dich auf.
Ganz im Gegenteil: Passanten,
junge Mädels, alte Tanten,

müde Rollatorenmänner,
Kinderwagenmütter, Penner
stieben, zack, aus dem Verkehr,
glotzen neidisch hinterher,

wenn du durch die Menge fegst
und dich übern Lenker legst.
So ein Scooter: megaprall.
Du hast Vorfahrt überall.

Heiß ist auch, in voller Fahrt sich
durchzukurven, slalomartig.
Fällt ein Opa um vor Schreck.
Kein Problem: Du bist schon weg.

Doppelt geil ist dieser Sport,
hast du Petra mit an Bord.
Was die kosten, diese Scooter?
Sag, wo lebst du denn, mein Guter.

Roller, die Dir alles bieten,
was Dir Spaß macht, kannst du mieten.
Und das Beste daran ist:
Wenn du rollermüde bist,

Knopf gedrückt und abgestiegen.
Kipp ihn um und lass ihn liegen.
Wie Du siehst, ist so ein Teil
umweltfreundlich, megageil.

Und nicht nur zur Sommerzeit,
auch im Winter, weil's nicht schneit.

10. April : Tag der Sicherheitsnadel

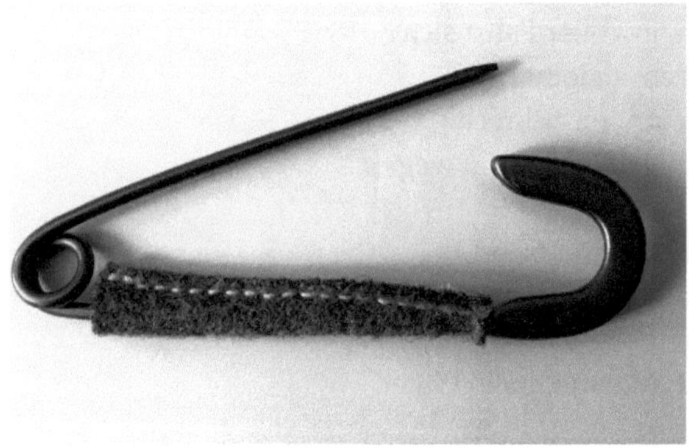

Foto: Klaus Pawlowski

Ein hohes Gut zu aller Zeit
ist ohne Zweifel Sicherheit.
Was irgend Sicherheit verspricht,
stand hoch im Kurs stets. Oder nicht?

So sind für Kinder, Frauen, Männer
Sicherheitsnadeln echt der Renner.
Als Reimwort sie zu aktivieren
kann des Poeten Nerv punktieren.

Der Rhythmus schon, Gott, welch ein Jammer.
Doch als Objekt ein echter Hammer.
Das Rad? Okay! War schon genial.
Die Nadel ist es allemal.

Als dieses Ding noch nicht erfunden,
hat man sich elendig geschunden,
um Sicherheit sich zu besorgen
für gleich und auch für übermorgen.

So hielt Odysseus sein Gewand,
als er so vor Kalypso stand,
vorn zu, was peinlich werden sollte,
als er sie kurz umarmen wollte.

Verreisten Ritter hoch zu Rössern,
so gürteten mit Vorhangschlössern
sie ihre Damen unterm Kleid
zu deren eig'ner Sicherheit.

Damit der Schlüssel sicher war,
hing der am Schlüsselbrett. Na klar,
wär diese Nadel unterm Kleid
mehr Garantie für Sicherheit.

Da war's ein Segen geradezu,
als in dem Kloster Ruppertsruh
ein Mönch mit Namen Ferdinand
mal kurzerhand dies Ding erfand,

als jäh ihm da beim Kirchengang
ein Knopf von seiner Kutte sprang.
So schuf er schon für seine Zeit
ein hohes Maß an Sicherheit.

Wenn Hexen – die mit roten Haaren –
zum Scheitern vorgesehen waren,
verschloss man jenen Sünderinnen
mit diesem Ding den Mund von innen.

So war man sicher, dass von dort
kein lästerliches Teufelswort
die Andacht und die Heilsgebete
der Glaubensbrüder stören täte.

Und ging ein Mönch an freien Tagen
voll Inbrunst selbst zum Hexenjagen,
hat er – auf Sicherheit bedacht –
vor hexischer Verführungsmacht

mit der hier seinen … alles klar? …
was – zugegeben – schmerzhaft war.
Doch soviel Sicherheit kommt an.
Klar! Und ihr Siegeszug begann.

Der Siegeszug der kleinen Nadel
bei Bauern, Bürgern, selbst beim Adel.
Columbus hielt mit diesen Klammern
die Segel seines Schiffs zusammern.

Und just mit dieser Nadel hier
knüpft Luther an die Kirchentür
einst seine 95 Thesen,
sonst wär'n sie nicht lang dran gewesen.

Stark war der Nadeleinsatz schon
zur Zeit der Revolution.
Das Fallbeil traf den Mann von Adel
erst nach dem Öffnen dieser Nadel.

Was oft ein wenig Qual verhieß,
wenn sie sich schwer nur öffnen ließ.
Und das kam vor von Zeit zu Zeit,
war's keine deutsche Wertarbeit.

Dass der Franzos einst bei Sedan
auch keinen Blumentopf gewann,
ist klar. Die Preußen hatten stets
die bess'ren Nadeln. Ja, so geht's.

Und heut? Hing Messner am K4
nicht auch an dieser Nadel hier?
Und klammert dieser kleine Bügel
seit jeher nicht Parteienflügel?

Das Ding hier ist so selbstverständlich,
dass Du und ich, dass wir letztendlich
bei allem, was auf dieser Welt
uns täglich auf die Hirnhaut fällt

an großen Krisen, kleinen Sorgen
(wer kann mir hundert Euro borgen?),
dass wir nur planen, rechnen, denken
und ihr kaum noch Beachtung schenken.

Doch sie? Bereit zu jeder Zeit,
gibt, was wir brauchen: Sicherheit.
Sagt, wisst ihr das: Der kleine Gurt
im Auto wird durch sie verzurrt.

Wenig bekannt: Versicherungen,
die nadeln, wenig notgedrungen,
uns fest zur eig'nen Sicherheit
bei Unfall, Ausfall, Seekrankheit.

Und eins ist klar: Man joggt und radelt
am besten sicherheitsvernadelt.
Und wollt ihr eins nur: eure Ruh?
Dann nadelt euch die Ohren zu.

Ja, es galt früher, es gilt heut:
Du brauchst doch eins nur: Sicherheit.
Und diese kleine Nadel hier,
die gibt sie Dir.

Sammler

Ich kenne wen, der sammelt scharfe Witze
und hat schon 7000 im Archiv.
Ein andrer sammelt Tiere aus Lakritze.
Ein Dritter stapelt Dosen-Corned-Beef.
Der nächste sammelt Damenunterwäsche
und hat damit sein Zimmer tapeziert.
Und mein Freund Paul, der sammelt bunte Frösche,
die er in seinem Swimming-Pool dressiert.

Aber ich sammle mir
alle Küsse von dir
und hab Angst, dass ich einen verlier.

Ich kenne wen, der sammelt Strafmandate
und überzieht die Parkzeit ganz bewusst.
Ein andrer präsentiert dir Exponate
von abgenagter Fluggeflügelbrust.
Ein Dritter sucht im Stadtpark nach Kondomen
und hängt sie wie Trophäen übern Schrank.
Und einer holt sich Mäuse mit Symptomen
aus einem Tierlabor von Maxe Planck.

Aber du – wie gemein –
sammelst Nils, Paul und Hein,
und ich sammle Tränen im Wein.

Ich kenn da einen Sammler edler Weine
… und Krücken für die nötige Balance.
Mein Arzt, der sammelt abgeschnitt'ne Beine
von Tischen, Stühlen aus der Renaissance.
Freund Ulli hortet stark verbeulte Kinder-
Trompeten und erfüllt sich einen Traum.
Mein Nachbar, wenn ich ihn nicht daran hinder,
der sammelt meine Kirschen sich vom Baum.

Und dann sammelt voll Spaß
er dein Kleid aus dem Gras,
das Du nicht mehr anhast, du Aas.

Die Grünen sammeln wild Vertrauensbrüche.
Der Gauland sammelt Lumpen noch und noch.
Der Söder stapelt scharfe Södersprüche.
Der Lindner stapelt gar nichts … außer hoch.
Der Scholz, der klappert mit der Sammelbüchse.
Frau Esken scheffelt fleißig Gottvertrau'n.
Angela sammelt niemals Kruzifixe!
Nein, sie soll Blazer horten, rot, gelb, grün und braun.

Ich? Ich sammle allein
schöne Pilze im Hain,
und dann lad ich zum Essen dich ein.

Alles im Set

Vor Ihrem Schnupfen soll Sie dieses Mittel retten.
Leider führt es zum Verfetten.
Doch da gibt es hier Tabletten.
Zwar, die schlagen
auf den Magen.
Doch da gibt's dann diese Tropfen.
Doch weil diese Tropfen leider die Arterien verstopfen,
hab ich gleich für Sie im Krankenhaus ein Bett.
ALLES IM SET.

Was, Sie wollen schlank sein? Na, dafür ist die Diät hier.
Daß der Hintern dabei straff bleibt,
dafür gibt es dies Gerät hier.
Fürs Gesicht und für die Brüste
diese Crème mit Aromatis.
Und damit das Sinn macht, gibt's im Beipack bei uns gratis
diesen wunderbaren Kerl, ist der nicht nett?
ALLES IM SET.

Was, Sie ham ‚ne Zyste? Kein Problem, wir operieren.
Selbstverständlich sollten wir auch gleich
den Eileiter kupieren.
Und den Eierstock, na eben.
Und dann liegt ja gleich daneben
die Gebärmutter, so läßt sich das Gesamtproblem beheben.
Nur Vertrauen, wir entsorgen Sie komplett.
IM SET.

Mein Frühlings-Hobby

Wenn der Frühling blaue Bänder
durch die Lüfte flattern lässt,
treibt's hinaus mich, und dann schlender
ich zum Hundehaufentest.

Such im Park auf jeder Lichtung,
auf den Wegen und im Gras.
Für die erste Datensichtung
brauch ich ein Vergröß'rungsglas,

einen Zollstock zum Vermessen:
Länge, Stärke, Opulenz.
Darf die Gabel nicht vergessen:
Inhaltsstoffe, Konsistenz …

Alles wird erfasst, gespeichert
und das Datenmaterial
optisch (farbig) angereichert
durch ein Foto (digital).

Dann vergleiche und bewerte
ich die Daten sehr subtil.
Welcher vierbein'ge Gefährte
wann, wie oft, wie gut, wie viel.

Finde deutliche Belege
für den Status: krank, gesund,
fröhlich, traurig, munter, träge?
und … war es ein Rassehund?

Rassen? Klar, das kann ich sehen:
Dackel, Schnauzer, Dobermann.
Mischlinge – muss ich gestehen –
sind noch schwierig dann und wann.

Für Kai Pflaumes Ratesachen
reicht's noch nicht, das ist mir klar.
Doch beim Was-aus-Scheiße-Machen
lieg ich voll im Trend, nicht wahr?

Mit Genuss

Was essen wir heute?

Sicher, wie die Medien so berichten,
sieht das mit dem Fleisch bedrohlich aus.
Aber Rindfleisch? Kann ich wirklich drauf verzichten.
Rindfleisch? Nee, da mach ich mir nichts draus.

Ein mit Majoran gewürzter Rinderbraten.
So Rouladen: Gurken, Zwiebeln, Räucherspeck,
gar ein T-Bone-Steak, umlegt mit Blattsalaten …
kann mich gar nicht reizen, int'ressiert mich einen Dreck.

Nein, da greif ich jetzt vermehrt zur Pute.
Überhaupt Geflügel. Ente in Orangen, wunderbar!
Hähnchen. Macht nicht dick, das ist das Gute.
Was gibt's da? Geflügelfieber? Ist nicht wahr!!?

Neu entdeckt? Und führt zu Nierenbluten?
Und die Leber schrumpelt dabei völlig ein?
Gut, verzicht ich auf die Hühner und die Puten.
Sind mir sowieso zu fad … Wir ham ja noch das Schwein!

Ja genau, so richtig deft'ge Schweinehaxen,
oder Schweinsfilets, ganz zart und im Gemüsenest,
oder schöner Räucherschinken, gut durchwachsen.
Was gibt's da? Die afrikan'sche Schweinepest?

Und die ist besonders aggressiv und führt im Magen
zur Zersetzung? Ja, die frisst den Darm von innen auf?
Na ja, Schwein hab ich noch niemals gut vertragen.
Aber Wild: Reh, Hirsch. Da komm ich jetzt erst drauf.

So ein Rehbraten mit Rotkohl und mit frischen
Pilzen. Was? Da wird gewarnt? Voll atomar verseucht?
Wie ist's mit 'nem Karpfen? Überhaupt mit Fischen?
Zander, Scholle, einen Hecht vielleicht.

So in Dillsauce. Nicht? Was? Das papillare Schwerölfieber?
Führt zu Impotenz, fast sicher auch zu Hodenkrebs?
Gut, dann eben nicht. Ich esse auch viel lieber
vegetarisch. Hauptsache, ich überleb's.

Nein!! Gemüsepest im Lauch?
In den Möhr'n und Zwiebeln auch?
Blei im Rot- und Blumenkohl?
Im Kohlrabi Vitriol?
Faulbrand selbst in Gentomaten?
Killerschnecken in Salaten?
Kriechen bis ins Zwischenhirn?
Und in Äpfeln, in der Birn
Teufelsmaden, die mit Sporen
sich in meine Lunge bohren?
Und wenn ich Kartoffeln esse,
droh'n mir überall Abszesse?
In der Butter nur Hormone?
Und das Brot ist auch nicht ohne?
Und die Milch schütt sowieso
man am besten gleich ins Klo?
Booh. Und nu? Ist's das gewesen?
Schiebt lieb Gottchen uns vom Tresen?
Kippt der Kerl die Menschheit still
demnächst in den Sondermüll.

Halthalthalt. Nein, bitte nicht verzagen.
Ist der Mensch ein Saurier? Ich bitte Sie!
Seh'n Sie: in den meisten großen Menschheitsfragen
war sie immer gleich zur Stelle … die Chemie.

So auch jetzt. Will ich den Hunger stillen:
Zack, zur Apotheke, auch manch Drogerienkette führt
jetzt Rouladenpulver, Schweinebratenpillen,
Rotkohlkapseln, täuschend aromatisiert.

Mensch, da kann ich wieder richtig spachteln:
Steaks und Schnitzel, was das Herz begehrt.
Ganze Festmenüs in dekorierten Pillenschachteln.
Nur: Ich hab da von 'nem Freund gehört …

Nein nein, ich will nichts gegen Pillen sagen …
Mit Genuss werf ich mir Schinkenkapseln rein.
Nur: ich werd erst meinen Apotheker fragen,
denn die Nebenwirkungen, die soll'n nicht ohne sein.

Limericks für Weingenießer

Riesling

Wenn's dem Ludwig aus München-Giesing
um Bauch und Gedärme ganz mies ging …
Nahm er Pillen ein?
Ging zum Arzt er? Oh nein:
er trank drei Gläser staubtrocknen Riesling.

Burgunder

Kürzlich fand man den Swen aus Krupunder
in der Scheune … platt wie 'ne Flunder.
Er hat dort gehäckselt
und den Kirschsaft verwechselt
mit 'ner Literflasche Burgunder.

Cabernet Sauvignon

Es wünscht sich Manon aus Toulon
ein teures Parfum im Flakon.
Doch bekam sie von Pierre
– der verstand sie nur schwer –
'nen Flakon Cabernet Sauvignon.

Grüner Veltliner

Ein Lyriker war es, ein Wiener,
der liebte den Alexandriner.
Doch kürzlich vergaß
er den Vers und das Maß.
Wer war Schuld? Na, ein grüner Veltliner.

Chardonnay

Der Josef vom Königssee
trank Bier nur. Ja … manchmal Kaffee.
Doch sein Schatz, die Katrin,
liebt den Wein … und auch ihn,
deshalb liebt er jetzt auch Chardonnay.

Silvaner

Der Peter, ein Hannoveraner,
ist bekannt als erfolgreicher Planer
von zärtlichen Dates.
Erfolg bringt ihm stets
eine Flasche leck'rer Silvaner.

Pinot noir

Die Heidi aus Bad Neuenahr
findet Schmusen zwar wunderbar.
Doch bei allem Zwei-Sein
muss Liebe dabei sein,
die Liebe zum Pinot noir.

Merlot

Der Friedrich aus Gütersloh
hat zwar Falten vom Hals bis zum Po.
Macht auch sonst nix mehr her.
Doch für Grit ist er sehr
Attraktiv … nach vier Gläsern Merlot.

Optimistisch
und ideenreich

Optimisten-Boogie

Täglich dieses Jammern in den deutschen Kammern,
täglich sich nur an die alten Zeiten klammern.
Täglich neu erkalten an den Vorbehalten
und sich tief vergraben in den Sorgenfalten.
Raus aus dieser Pein, rein in den Sonnenschein!
Lasst uns doch ein Volk von Optimisten sein!

In Berlin gibt's Mist? Mich kann das kaum betrüben.
Richtig dicker Mist bringt doch richtig dicke Rüben.
Rutschen in den Keller auch die Staatsfinanzen,
auf zur Kellerparty und dann Boogie-Woogie tanzen.
Und platzt eine Kofferbombe hinter unserm Haus,
bei der Bombenstimmung macht uns das nix aus.

Bist du arbeitslos, gib dem Leben neuen Sinn:
Verlieb dich in die tolle Jobberaterin.
Verlierst du deine Wohnung, stell im Park ein Zelt auf.
Zwischen Hundehaufen tut sich eine neue Welt auf.
Fühlst du dich als Rentner arm und abgestellt,
geh ins Hallenbad und stell dir vor, du schwimmst im Geld.

Ist dein Arzt zu teuer, operier zu Hause.
Mach aus einem Kaiserschnitt eine große Sause.
Will dir deine Kasse das Gebiss verweigern,
guck mal kurz zu E-Bay rein, da kannste eins ersteigern.
Und schleppst du dich müde nur am Stock durchs Haus,
beim Nordic Walking haste zwei, und das sieht klasse aus.

Was immer ist:
Bleib Optimist

Der geschenkte Monat

Da hängt er, mein Kalender, und ich schlage
die dritte bunte Monatsseite auf.
Und wünsche mir auf meine alten Tage,
es wär in diesem Jahr ein Monat mehr darauf.

Ich hab da einen Gutschein in der Post gefunden.
Da steht was von Rabatt, dreißig Prozent.
Ob die Prozente man für einen guten Kunden
nicht schlicht in 30 Tage ändern könnt?

Vielleicht erfüllt den Wunsch mir auch der Abholschein,
der hier vor mir auf der Kommode liegt.
Zwar soll der für zwei frisch gewasch'ne Hemden sein,
doch ob man dafür nicht auch einen Monat kriegt?

Für diesen Monat würd es dann ein Konto geben,
auf dem sich schönes Wetter sparen lässt,
um später es als Sonnenstunden abzuheben
für eine lange Reise oder ein Familienfest.

Ich nehm mir den Kalender her und blätter
die Monatsseiten durch, und – kann das sein? –
da ist ja dieser Extra-Monat. Donnerwetter!
Ganz einfach so, ganz ohne Abholschein.

Ich weiß, du lachst mich aus, mich alten Knaben.
Meinst, dass von Fasching ich besoffen bin.
Ich sag dir eins, mein Freund:
Willst Du wie ich ihn wirklich haben,
dann findest du den Monat. Guck nur richtig hin!

Verkaufe es bei E-Bay

Steht bei dir so vieles Schöne
sinnlos in der Gegend rum?
Die Kredenz von Tante Lene
und der Fernsehschrank, dies Trumm.
Bänke, Betten, Badewannen,
Polster, Perser, Pinkelpott,
Katzenkörbe, Kaffeekannen,
Omas oller Ozelot.
Ein Trikot von S04?
Häng's bei E-Bay vor die Tür.

Liegt dir Petra auf der Tasche?
Schlag sie doch bei E-Bay los.
Selbst die Urne mit der Asche
von der Oma bringt dir Moos.
Ihr Gebiss schwimmt noch im Glase,
ihr Toupet ist fast wie neu.
Und dann Opas Gallenblase …
Die ist fast beschwerdefrei.
Und tut dir dein Knie weh,
verkauf es gleich bei E-Bay.

Schwerer ist es, Würdenträger
andern Leuten anzudrehn.
Immerhin: als Bettvorleger
könnte Armin Laschet gehn.
Klar, für Merz als Scheuerlappen
gibt's nur mäßigen Bedarf.
Doch mit Röttgen könnt es klappen:
Röttgen macht die Hausfrau scharf.
Und er ist nett und willig.
Bei E-Bay gibt's ihn billig.

Die Selbsthilfegruppe

Was, Sie ham zu nix mehr Lust?
Täglich Frust in ihrer Brust?
Nichts als Ärger mit dem doofen Sohn?
Zu viel Bauch, zu wenig Lohn?
Und es fehlt die Erektion?
Keine Angst, da sind Sie nicht allein.
Mensch, da heißt es nix wie rein
in 'ne Selbsthilfegruppe.

Ich kämpf gegen Besserwisser
in dem Club für Stehendpisser.
Meine Frau strafft Muskeln sich und Bauch
in der Gruppe »Knall und Rauch«,
für den täglichen Gebrauch.
Bin ich auch am Tage ganz mies drauf,
fängt sie mich am Abend wieder auf,
meine Selbsthilfegruppe.

Ham Sie Lockenwickler-Allergien
(gar mit Tötungsphantasien)?
Sind Sie 'n Dinkelkissenfetischist?
Gar ein softer Masochist?
Ein frustrierter Sozialist,
immer noch zum Klassenkampf bereit?
Finden Sie bestimmt Geborgenheit
in der Selbsthilfegruppe.

Ist Ihr Gatte nicht mehr fix?
Immer Fußball und sonst nix?
Stören Sie die Pölsterchen am Po?
Und am Bauch spannt das Trikot?
Andern geht es ebenso.
Was trotz aller Sorgen Deine Welt
unerschütterlich zusammenhält,
ist 'ne Selbsthilfegruppe.

Neue Jobs

Die Agentur für Arbeit ist nicht sehr aktiv.
Doch täglich vor der Tagesschau kann man es sehen:
Nicht Ingrid, nein, INDEED zeigt sich sehr kreativ
bei der Entwicklung toller neuer Job-Ideen.

Natursäfte sind heute überall gefragt.
Das gilt für alle Gruppen und für jedes Alter.
Da wären völlig neue Jobs entschieden angesagt:
als Kühler, Apfelpuffer und Zitronenfalter.

Auch in Geschäften und Abteilungen für Kleidung
kann man das Service-Personal geschickt erweitern.
Noch fehlt es zur Betreuung vor der Kaufentscheidung
an Sockenhaltern, Fleischmessern, vor allem Ausziehleitern.

Wir sehn zurzeit in der Geflügelzucht
die Absatzzahlen ständig in die Höhe schnellen.
Ein Job als Abstecher ist immer eine Wucht.
Mit Ei- und Hühnerleitern gibt's ganz neue Stellen.

Die Normen der EU sind Strafgesetzen gleich.
Die Arbeit in den Lagerhäusern könnte man verbessern
durch Zeiger, Fühler, Regler im Kontrollbereich,
mit Fisch-, Brot-, Obst- und auch Gemüsemessern.

Alle Politiker sind öffentlich oft sichtbar.
Der Pfad, auf dem sie gehn, wird finsterer und schmaler.
Deshalb sind als Begleitpersonen unverzichtbar
Scheinwerfer, Rück-, Richt-, doch vor allem Außenstrahler.

Es gibt so viele Jobs, was immer auch geschieht.
Und einen finden Sie bestimmt noch vor der Rente.
Zum Glück gibt's ja die Werbung von INDEED …
Obgleich auch Ingrid noch was bieten könnte.

Der **Deutsche Lokaljournalistenpreis** wird seit 1980 an Redaktionen verliehen, die Vorbildliches für den deutschen Lokaljournalismus geleistet haben.

Anspruch

Was ich vom Lokaljournalisten erwarte?
Nun, eine ehrliche, notfalls auch harte,
doch objektive, stets ausgewogene
und eng auf das Ereignis bezogene,

Hintergrund liefernde, gut recherchierte,
möglichst auch anschaulich illustrierte,
wenn schon nicht fesselnd, doch interessante,
etwas humorvolle, maßvoll pikante,

also: intelligente und aufgeweckte,
verständliche und auch grammatisch korrekte
Information, ob's im »Golden Wal«,
– das ist für gewöhnlich mein Stammlokal

und wegen der Fischkarte ziemlich beliebt –,
ob es da heut grüne Heringe gibt.
Diese Info muss ich – ich sag's unbefangen –
von einem Lokaljournalisten verlangen.

Politisch systemrelevant

Systemrelevant?

Ist Wäschewaschen systemrelevant?
Staubsaugen? Im Rosenbeet graben?
Meine Hanna behauptet das penetrant
und will Bonuszahlungen haben.

An der Ecke zeigt mir mein Bettlerfreund Hein
seinen Hut mit verzweifelter Geste:
»Guck dir das an, keine Sau schmeißt was rein!
Nicht systemrelevant mehr, verstehste.«

Ganz höflich bitte ich Skatkumpel Franz:
»Zwanzig Euro, kannst Du mir die borgen?«
Er zweifele an der Systemrelevanz,
mauert Franz. Aber hätte ich Sorgen:

Das Online-Pokern sei gar nicht riskant,
ganz egal, wie viel Kies ich da bolz,
denn das sei entschieden systemrelevant.
Den Verlust überweise mir Scholz.

Ehrenämter

Du hast viel Zeit, siehst dich schon fast verschimmeln
als Rentner oder zu Hartz IV verdammt?
Ehrlos ist es, sich auf der faulen Haut zu lümmeln.
Mach es wie ich, schaff dir ein Ehrenamt!

Du weißt ja, das ist jetzt besonders nötig.
Ja, Pflegepersonal und Ärzte fehlen schon.
Deshalb bin jetzt selbst beratend tätig:
naturheilkundlich über Apps und Telefon.

Trotz Konjunkturpaket ist meine Stadt am Ende.
Prompt hat sie gestern bei uns Rentnern angefragt,
ob wir als Ehrenamt im Innenstadtgelände …
mit Hüten und mit Mundschutz … Ich hab zugesagt.

Als ich dem Kämm'rer seine ersten Euros brachte,
hat er mich dankbar mit dem Ellbogen gerammt.
Das hat mich tief bewegt. Ja, das entfachte
die Lust in mir aufs nächste schöne Ehrenamt.

Ich habe meiner Bank mich anempfohlen:
Ob ehrenamtlich irgendwie zu helfen wär.
Die sah'n mich an, als hätte ich den Dax gestohlen:
Ein Ehrenamt? Was ist das ungefähr?

Ich möcht gern helfen jetzt in diesen Krisentagen.
Vielleicht der Polizei? Doch hat man mich gewarnt:
Es könnte sein, ich würde schon aufgrund der Fragen
als Undercover oder Terrorist enttarnt.

Der Schrecken der Ministerrunde

Die Hütte tobt, das Spiel, es kracht:
Ein Wortgefecht voll Feuer
mit Strafraumschockern, Abwehrschlacht …
Doch dann kommt Horst, der Bayer.

Er schiebt die Wörter hin und her
wie schlapp getret'ne Bälle.
Sein lahmes Mittelfeld spielt quer
und kommt nicht von der Stelle.

Er dribbelt qualvoll durch den Satz
und bleibt am nächsten hängen.
Sein Schuss aus dem Zitatenschatz
verfehlt das Tor um Längen.

Und weil sein Kopfballspiel so mies,
sind die Pointenpässe
auch viel zu flach und unpräzis
und ohne Raffinesse.

Dass er sich nur nicht selbst verletzt …
verbal, er ist so einer.
Ach, wär ich doch sein Trainer jetzt:
Ich hätte ihn schon längst ersetzt,
Doch auf der Bank sitzt keiner.

Allergien und Reflexe

Seit so etwa einem Jahr
spüre ich – ganz sonderbar –
immer, wenn ich in die Röhre
gucke oder Radio höre,
unvermittelt Reaktionen
in diversen Körperzonen,
von ganz einfachen Reflexen
bis zu Allergiekomplexen.

Sehe ich die Kanzlerin,
rutscht mir – zack – der Mund zum Kinn.
Wenn der Horst vom Bildschirm guckt,
meine rechte Schlaghand juckt.
Und sie zuckt nach oben hin,
seh ich Andi Scheuers Kinn.

Von der Leyen tönt aus Brüssel?
Prompt krieg Schorf ich unterm Rüssel.
Wenn Kramp-Karrenbauer spricht,
immer Quaddeln im Gesicht.
Und erlebe ich Jens Spahn,
fährt mein Blutdruck Achterbahn.

Seh ich Julchen Klöckner lachen,
muss ein Bäuerchen ich machen.
Steht da Maas so zart und klein,
schlafen mir die Füße ein.
Und kommt Laschet noch hinzu,
legt sich auch mein Hirn zur Ruh.

Wenn Herr Altmaier sich zeigt,
plötzlich meine Leber streikt.
Karliczek im Radio?
Prompt streikt auch die Libido.
Unvorstellbar wird die Qual,
seh ich alle auf einmal.

Klar, da fehlen noch ein paar.
Weiß ich auch. Doch offenbar
ist der müde Rest der Truppe
meinem Körper ziemlich schnuppe.
Doch auch so hat jedenfalls
er jetzt ganz schön viel am Hals.

Verfassungsschutz

Natürlich, meine werten Kritiker,
kann der Verfassungsschutz uns nützen.
Denn muss nicht täglich ein Politiker
seine Verfassung sorgsam schützen?

Ja, seine eigenen Verfassungslagen
muss er verbergen unverdrossen
zum Schutze vor Verfassungsklagen
von Medien und Parteigenossen.

Altmaier schützt in diesen Zeiten
seine (verzeiht mir) Scheiß-Verfassung
durch dickgelippte Lockerheiten
und munt're Schwallwörterentlassung.

Auch Laschet kann es oft nicht lassen,
mit rasch Verfasstem falsch zu landen.
Olaf will gar nichts mehr verfassen.
Das wird doch immer falsch verstanden.

Zig Staatsdiener verfassen immer schon
an Honoraren sich. Was alle wissen.
Ja, ich verfass mich jetzt bewusst im Ton:
Ich finde den Beschiss total beschissen.

Drum allen Kritikern zum Trutz:
Wir brauchen den Verfassungsschutz.

Am 8. Oktober hat Ursula von der Leyen Geburtstag

Geburtstagsständchen für Ursula von der Leyen

Als vor präzise dreiundsechzig Jahren
Dich Vater Ernst im Körbchen liegen sah,
da wusste er an Worten kaum zu sparen,
als Du so reizend dalagst, schöne Ursula:

»Lass Dir vom König aller Niedersachsen sagen:
Auf eines Gottes Rücken ist dereinst Dein Platz.
Der wird als starker Stier Dich durch die Lande tragen.
Und du? Du wirst Europa sein, mein Schatz.«

Klar, Deine Diss war nicht der große Renner.
Doch in der Politik lief's dafür wie geschmiert.
Zunächst hast Du zur Freude vieler Männer
ministerlich dich für Familie engagiert.

Dann für die Arbeit, dann für Panzer und für Drohnen.
Du warst als Frau ranghöchster Offizier.
Doch sahst Du in den Ämtern sicher nur Stationen.
Denn die Verheißung war: Europa und der Stier.

Und voll Elan hast Du auch aufgesessen.
Du nahmst ihn bei den Hörnern, diesen Stier.
Doch bald war klar: Dem geht es nur ums Fressen.
Ansonsten ist er alt, ein müdes, lahmes Tier.

Er hat inzwischen seinen Schwanz verloren.
Der liegt jetzt abgetrennt bei Dover im Kanal.
Fast taub ist er auf seinen schlaffen Ohren.
Sich zu bewegen ist ihm eine rechte Qual.

In welche Richtung auch? Die krummen Knochen …
Woll'n die nach vorne links? Nach rechts zurück?
Und dann nimmt ihm ein Mundschutz schon seit Wochen
die Luft zum Atmen, trübt den klaren Blick.

Auch Du, das kann ich leider nicht verschweigen,
hast Deinen Stierritt sicher oft verflucht.
Doch lohnt's nicht, Ernst posthum den Marsch zu geigen.
Du hast Dir das bewusst so ausgesucht.

Ich weiß, mein Bild stimmt hinten nicht und vorne.
Was heut sich von fast allem sagen lässt.
Doch pack ich Deinen Stier beim morschen Horne.
Und gratuliere Dir zum Wiegenfest.

Im Zuge des Corona-Massenausbruchs bei Tönnies wurde bekannt, dass **Sigmar Gabriel** als Berater der Fleischfabrik tätig war.

Ein paar Fragen

Ach Sigmar, mein geschäftiger Genosse.
Jetzt trittst Du auch noch in die Schweinescheiße rein.
Ich weiß, klammheimlich warst du oft ein Freund der Bosse.
Doch musste es ein Bauchfleischimperator sein?

Hast Du nicht selbst voller Mühe Dich entspecken lassen?
Und nun? Was hast Du als Berater da erzählt?
Dass noch mehr arme Schweine in so eine Halle passen?
Und wie viel Wurstfleisch man in wie viel Därme quält?

Und jetzt, mein Lieber, wirst Du selbst geschlachtet.
Ist das nicht ein makaberes Szenario?
Warum hast Du die Abstandsregeln nicht beachtet?
Du zählst zur Gruppe mit dem größten Risiko.

Sie ist gefährlich, die Moneta-Infektion.
Das kennst Du schon.

Die Wahl des/der CDU-Vorsitzenden sollte im Dezember 2020 stattfinden, wurde aber wegen der Pandemie auf Januar 2021 verschoben.

Wieder nicht

Der Friederich, der Friederich,
der findet einfach widerlich,
dass die Partei die Wahl verschiebt.
Und das nur, weil man ihn nicht liebt.

Speziell gilt das für die ganz oben.
Corona? Ist nur vorgeschoben!
Denn Laschet, diesen laschen Kloß,
ja, wär man den nicht auch gern los?

Und Norbert? Bei dem sexy Kinn,
da schmelzen zwar die Damen hin.
Doch angesichts der Frauenquote
wär er vielleicht ein Götterbote.

Mehr nicht. Ob man dank Annegret
erst mal in die Verläng'rung geht,
damit Jens Spahn als echter Mann
sich noch in Stellung bringen kann?

Oder noch besser: Helfend springt
der Markus ein … naturbedingt.
Wer weiß, wer weiß. Doch Friederich,
der weiß nur eins: Ich wieder nich.

Der G7
oder
Das Dach der Welt

Oh, seht, wie sie den Himmel tragen:
Seht den Mount Everest dort drüben.
Seht weiß den Chimborasso ragen
und den K2 … und den G7.

G7, Gipfel ohne Grenzen.
G7 ist das Dach der Welt.
Seht ihr das Gipfelkreuz dort glänzen?
Georg Bush, der hat es aufgestellt.

Jetzt kann ich ganz genau es sehen:
Jo Biden ist das neue Kreuz.
Wir seh'n ihn christusartig stehen,
die Arme breitend beiderseits.

Der Felsgrat da im Sonnenscheine
heißt Merkelgrat, dräut steil und schmal.
Dort schiebt mit bröckelndem Gesteine
Geröllfeld Johnson sich zu Tal.

Verschwunden hinter 'ner Betonwand
der Putingletscher, glatt und kühl.
Und auch dort hinten die Macronwand
rutscht weg und zeigt sich instabil.

Den Klotz da rechts hat man vor Tagen
in Suga-Sattel umbenannt.
Und da blickt lächelnd (könnt man sagen)
stolz der Trudeau-Fels in das Land.

Darunter schimmert kurz ein Zipfel
des Sumpfgebietes Draghi auf.
Oh, welch ein Berg. Oh, welch ein Gipfel!
Doch keiner will da jetzt noch rauf.

Es lohnt auch kaum noch, ihn zu stürmen.
Ja, selbst Attac tut sich da schwer.
Man sieht zwar zwischen Wolkentürmen
das Kreuz noch … doch bald auch nicht mehr.

Abendlied

Der Mond ist aufgegangen,
die gold'nen Sternlein prangen,
auch wenn es finster ist.
Sollst, Herr, nicht länger schweigen,
und sollst uns endlich zeigen,
dass gütig du und weise bist.
Bring im Irak den Kindern,
um ihre Angst zu lindern,
Demokratie ins Haus,
'nen Fernseher für jeden
und darin schöne Reden.
Dann halten sie den Frieden aus.
Bring im Sudan den Müttern,
die nur noch Sand verfüttern,
den Papst in ihren Kral.
Der wird sie geistlich schwängern
und so ihr Glück verlängern,
na sagen wir: noch siebenmal.
Bring all den Kindssoldaten
im Kongo statt Granaten
die deutsche Bundeswehr.
Die spielen mit den Kleinen
und bau'n aus Legosteinen
zig kleine Häuser und noch mehr.
So legt euch denn, ihr Brüder,
ganz still zum Schlafen nieder.
Die Welt ist doch ganz gut,
wenn alle heut und morgen
sich um den Nächsten sorgen,
und wenn man kräftig beten tut.

Sportlich

Mahnung

Gebt acht, dass ihr beim Osterfest,
wenn ihr die weichen Eier esst,
mir Werder Bremen nicht vergesst.

Die Relegation bringt am Ende einer Saison noch einmal viel Dramatik und Spannung. Im Jahr 2020 beteiligt: Werder Bremen und 1. FC Heidenheim: Mit viel Glück konnte Werder Bremen den Klassenerhalt sichern.

Bundesliga-Relegation

So steht's im Duden-Katalog:
Man sprach von »relegieren«,
wenn einer von der Schule flog,
wollt er mal nicht parieren.

Jetzt kämpfen zwei. So wird das sein:
Die hau'n sich auf die Socken.
Doch wer fliegt raus? Wer schwebt da rein,
wo Milch und Honig locken?

So brennt's noch mal vorm Sommerloch.
Und wollt ihr hier Prognosen?
Klar, beide haben's drauf. Jedoch
ich trag gern grüne Hosen.

Geisterspiele

Ich hab zu diesen Geisterspielen ein paar Fragen:
Warum die auf dem Platz nicht ihre Masken tragen?
Zumindest um den Hals für alle Fälle,
dass sie die hochzieh'n können auf die Schnelle,

bevor sie in den heißen Zweikampf gehen,
wenn sie im Strafraum zu eng beieinanderstehen.
Ja, gelten hier die Abstandsregeln nicht?
Auch für die Viererkette? Steht die nicht zu dicht?

Und wenn zum Einwurf sie den Ball sich greifen,
Warum sie sich danach nicht gleich die Hände seifen?
Und wenn der Coach im Aus den Ball berührt …
Warum wird der nicht gleich desinfiziert?

Wenn Spieler rücksichtsvoll ins Abseits rennen.
Ja, sollte das der Schiri dann nicht anerkennen?
Vielleicht gibt er dann Eckball, oder nein: Kredit,
bevor er später mal das gelbe Kärtchen zieht.

Ich pfeif mir ratlos diese Geisterspiele rein.
Denn die zentrale Frage muss doch sein:
Ob meine Fragen nicht total ins Leere zielen,
wenn da nicht Spieler, sondern ihre Geister spielen.

Der Videobeweis

Was macht zurzeit die Liga heiß
von München bis nach Bremen?
Das ist der Videobeweis.
Den kann der Schiri nehmen,

wenn er es selber nicht erkennt,
ob dieser Ball im Tor ist,
ob dieser Mann ins Abseits rennt,
oder noch dicht davor ist.

Ein heißer Wunsch der Politik:
Fehlt bei Corona Klarheit,
Die Hand hoch und schon ist er da,
der Rahmen mit der Wahrheit.

Denn als im Flur heut Lindner stand
mundschutzlos mit zwei Damen,
sah das Jens Spahn und hob die Hand.
Doch leider kam kein Rahmen.

Auch Söder hat ein Foul gesehen
an seiner Strafraumkante,
als Scholz zum Pandemiegeschehen
in Bayern Fakten nannte.

Und wenn auch jeder Fakten nennt,
wird doch noch mehr benötigt.
Es fehlt der Video-Assistent
in Köln, der sie bestätigt.

Limericks nur für GolferInnen

Herzenswunsch

Diese Golferin Heidi aus Angerstein
lädt sich häufig im Traum Bernhard Langer ein.
Oh, sie liebt diesen Herrn,
und sie würde so gern
von dem Langer ein klein bisschen schwanger sein.

So geht's auch

Es sprach eine Dame aus Rankwitz:
Ehe ich beim Golfen mich schlank schwitz,
nehm ich mir den Frank,
der steht nicht auf schlank,
und liebt's, wenn ich still auf der Bank sitz.

Umsonst

Es betet ein Golfer in Balm
den dreiundzwanzigsten Psalm
beim Abschlag vom Tee.
Doch erhört wird er nie.
Deshalb kennt er im Rough jeden Halm.

Folgenreich

Ein Junggolfer aus Bad Lippspringe,
auf dass ihm sein Golfschwung gelinge,
versucht einen Schwenk
aus dem Schultergelenk.
Jetzt trägt er den Arm in der Schlinge.

Aller guten Dinge ...

Ein Altgolfer aus Bad Lippspringe
liebt in seinem Leben drei Dinge:
Von den Fairways Bahn zwei,
das Grün sechs, sein Holz drei.
Seine Frau heißt übrigens Inge.

Relation

Es spielt Herbert aus Sennelager
gern mit Kurt, seinem rundlichen Schwager.
Weil er viel von ihm hält.
Denn sie spielen um Geld.
Und Kurt ist beim Golf eher mager.

Suggestion

Die Golferin Grit aus Salzkotten
ist berühmt für die Putts, ihre flotten.
Seit Jahren schon
hilft der Grit Suggestion.
Sie nennt das statt Putten nur Potten.

Erfolg

Horst vom GC Paderborner Land
prüfte aufreizend lang Schwung und Stand.
Dann ein traumhafter Schlag,
und sein Titleist, der lag
ganze fünf Meter weiter im Sand.

Voller Liebe
und Fürsorge

Zum Schulbeginn

Da gehst du nun an Mutters fester Hand,
und deshalb ist noch alles ziemlich ungefährlich.
Und doch bist du schon fürchterlich gespannt
und auch ein bisschen bange, mal ganz ehrlich.

Da gehst du nun, ein Ranzen riesenriesengroß,
mit einem Köpfchen oben, unten mit zwei Beinchen.
Und vorne noch die Tüte, bunt und beispiellos
gefüllt mit allem, was du magst, mein Kleinchen.

Und nachher redet einer hinter einem Blumenstrauß,
und andre Kinder singen, doch das hörst du nur von Ferne.
Denn ein Gedanke füllt dich schon seit Tagen aus:
Neben der Anna sitzen würdest du so gerne.

Ich wünsch dir, dass du neben Anna sitzt, und dann
wünsch ich dir Neugier, Munterkeit und tausend Fragen.
Ich wünsch dir, dass die Lehrerin, Frau Mann
– sie ist schon alt, naja, und kann schlecht Lärm vertragen –,

dass die Frau Mann noch Spaß an deinen Fragen hat
und dass sie höchstens sieben Wochen krank ist.
Ich hoffe auch, das mit dem Sport geht wieder glatt.
Denn in der Halle regnet's durch, da, wo der Schrank ist.

Und Geld fürs Dach hat der Minister leider nicht.
Das hat er dem Herrn Rektor jedenfalls geschrieben.
Doch – keine Angst – er plant auf lange Sicht
ganz tolle Schulreformen, aber höchstens sieben.

Und dafür wünsche ich dir Mut und Abenteuerlust.
Brich dir im neuen Rechtschreibdschungel nicht die Beine.
Und dass du nicht den Turm von Pisa geradebiegen musst,
das wünsch ich dir von ganzem Herzen, meine Kleine.

Petras Regierungserklärung

Petra weiß, es stinkt dem Gerd
der Reformkurs, den sie fährt.
Klar. Und er erhebt Protest,
wenn sie ihn zu Hause lässt,

weil sie ihre Mädels sehn will
und allein zum Shoppen gehn will.
Und er meckert, dass sie jetzt
nicht mehr mit zum Fußball wetzt,

so wie früher, wie er sagt.
Und er hat sich schon beklagt,
sie tät ihre Wahlversprechen
(die vom Anfang) täglich brechen.

Wären nicht der Mindestlohn
für die Koalition
täglich ein zwei Zärtlichkeiten
so wie früher? Soll sie streiten?

Klar ist doch, dass zeitbedingt
das Gefühlsaufkommen sinkt,
und das mindert auch den Schwung
für die Vollbeschäftigung

nur mit ihm. Dass folglich dann
irgendwie und irgendwann
auch die Binnenkonjunktur
schwach wird, ist doch logisch, sure.

Deshalb stellt sie dieser Tage
schon mal die Vertrauensfrage.
Und erkundet unterdessen
Koalitionsinteressen

anderer und plant bereits
eine Neuwahl ihrerseits.

Recherche

Hab von Uschi mich getrennt.
Was uns noch verband, das waren
nur gefühlte fünf Prozent
von der Liebe vor vier Jahren.

Unsre Koalition
ging ja längst getrennte Pfade.
Mein Betreuungsgeld war schon
mir seit Monaten zu schade.

Nur: Allein sein kann ich nicht.
Will im Winterbett nicht frieren.
Halte nichts von Lustverzicht.
Drum begann ich zu sondieren

in Gesprächen an der Bar,
im Café, bei einem Essen,
ja, auch mal im Bett, na klar:
Ob gemeinsame Int'ressen

da sind, ob mit Evelyn
sich das Koalieren lohne,
Kim und Laura, Ann-Katrin
und Marie sind auch nicht ohne.

Mir kommt's auf die Umwelt an
(Feiern, Freunde, Kinogehen).
Nix für Laura, nix für Ann.
Kim und Evelyn bestehen

stets auf einem Mindestlohn
für intime Schmusestunden.
Untergrenzen sind da schon
Blumen oder Jogging-Runden.

So viel Stress und Empathie
kann ich wirklich nicht verkraften.
Eigentlich taugt nur Marie
für soziale Partnerschaften.

Gut, sie soll als starke Frau
Männer g'radezu verschlingen.
Doch das reizt mich. Ja, genau.
Auch dass wir in allen Dingen

völlig unterschiedlich denken,
dass mir meine Freunde nur
mitleidsvolle Blicke schenken.
Doch in einem bin ich stur:

Wag ich diese feine, kleine,
zukunftsträchtige Verbandlung,
führe ich im Bett jetzt eine
Koalitionsverhandlung.

Prüfe, ob dies Spannungsfeld
auch in schwierigeren Lagen
eine Wahlperiode hält.
Halten *könnte*, müsst' ich sagen.

Sparsam aber effektiv

Weltsparwoche

(z. B. 2021 vom 25. bis zum 29. Oktober)

In dieser Woche geht es um das Sparen.
Man spart mit Worten nicht, dass Sparen sich noch lohnt.
»Wer eisern spart, kann selbst in mag'ren Jahren
und schweren Zeiten Koteletts essen«, wird betont.

Die Mahnung findet bei mir off'ne Ohren.
Mit gutem Beispiel geht ja meine Bank voran.
Was die an Sparers Zinsen spart, geht nicht verloren,
was man an ihrem schicken Neubau sehen kann.

Auch in der Politik zeigt man sich äußerst sparsam.
Man spart an Durchblick und an gutem Personal.
Auch klare Worte hält man sparsam in Gewahrsam
für richtig schwere Zeiten, denk ich mal.

Ob sich das Sparen lohnt, das will ich jetzt erfahren.
Drum reduzier ich erst mal der Gedanken Lauf.
Dann werde ich mir weitre Reime sparen
und heb sie lieber mir für mag're Zeiten auf.

Ein Lied zum Frühstück zu singen

Jeden Morgen geht die Sonne auf
in des Geldmarkts wundersamer Runde.
Und die wenig scheue Schröpferstunde,
jeden Morgen nimmt sie ihren Lauf.

Jeden Morgen aus dem Krisenschlund
heben Pleitegeier sich ins Licht,
uns mit Wonne Opfergang zu künden,
laut und schrill: Im Schacht ist Schicht.

Jeden Morgen in den Börsenhall'n
brummeln Bär und Bulle Zahl um Zahl.
Die sind wohl für euch nicht ganz so pralle,
mir sind sie (ganz ehrlich) scheißegal.

Kleine Anfrage

Sagt mal, könnt ihr mir mal eben
so … zwanzigtausend Flocken geben?
Im Spielcasino von Bad Sassen
hab ich die auf dem Tisch gelassen.
Ich hatte ein System entdeckt,
das war schon nahezu perfekt.

Doch wie's so läuft. Die Kugel wollte
nicht rollen, wie sie rollen sollte
nach dem System. Doch wer nicht wagt …
Ihr wisst schon. Nebenbei gesagt:
Ich hab die zwanzigtausend Flocken
von Opa Kurt. Nein, nicht zum Zocken.

Natürlich nicht. Er gab sie mir,
dass ich sie sicher deponier.
Was heißt heut sicher? Außerdem:
Ich hatte dieses Mordssystem.
Da musste ich doch etwas wagen.
Veruntreut? Na, ich muss schon sagen …

Ich hab es gut gemeint. Okay?
Ob ich aus eig'nem Portemonnaie …?
Klar, hätte das System bewiesen,
dass es gut läuft: So zehn, zwölf Riesen,
die hätte ich schon eingesetzt.
Ob ich dem Opa denn nicht jetzt

das Geld zurückerstatten möcht?
Ich möcht schon. Doch das geht jetzt schlecht:
Ich hab der Moni schon seit Wochen
den neuen roten Benz versprochen.
Und unser Flug nach Mexiko?
Die neuen Möbel fürs Büro?

Den Börsensturz nicht zu vergessen.
Und dann: Ich muss ja schließlich essen.
Sagt mal, ich kann doch darauf hoffen,
dass ihr mir helft? Ich sag es offen:
Ich will's mit Opa nicht versauen.
Ich will – nun ja – nicht sein Vertrauen

verlieren. Und ich will auch nicht,
dass die Familie dran zerbricht,
an dieser kleinen Nichtigkeit,
Es tut mir – ehrlich – richtig leid.
Doch bitte, könnt ihr mir, ihr Lieben,
kurz zwanzigtausend rüberschieben?

Sprachgewandt

Zielführend, doch ergebnisoffen

Die erste Zeile des Gedichts scheint gut getroffen.
Zielführend reiht sich Wort an Wort.
Das Ganze ist zwar noch ergebnisoffen.
Doch steht die erste Strophe schon mal dort

auf meinem Schirm. Wie geht es weiter?
Zielführend mein ich. Also, wo geht's hin?
Satirisch soll es sein, wenn möglich heiter.
Dass ich da noch ergebnisoffen bin

beim Schmieden meiner Verse, sollte klar sein.
Zielführend dichten ist schon mal recht schwer.
Das Ganze soll ja auch nicht lapidar sein,
nein, kraftvoll, zielführend vom Thema her

auf 'ne Pointe hin, die zwar ergebnisoffen
in ihrem Tiefsinn bleibt, doch Phantasien weckt,
die deutlich zielführend, das will ich hoffen,
die Weltsicht schaffen, die den Leser schreckt,

oder verblüfft, erheitert. Klar, vielleicht verzichtet
er darauf, es zu lesen, mein Gedicht.
Kann sein, dass er es ganz empört vernichtet.
Ergebnisoffen, bleibt was man so mühsam dichtet.
Zielführend loszulegen reicht halt nicht.

Extremste Eloquenz

Ja, dies Gedicht ist zweifellos mein optimalstes,
in Reim und Rhythmus bleibt's mein idealstes
und mein lebendigstes Poem, in Form und Stil,
auch mit dem Maximalsten an poetischem Gefühl.

Beim Schreiben führte mich ein einzigster Gedanke:
Das Absoluteste kennt keine Schranke.
Man muss das Grenzenloseste nur wagen,
dann kann man hinterher aus vollstem Herzen sagen:

Dir ist das Makelloseste gelungen.
Auch wenn die Blindesten mit ihren falsch'sten Zungen,
die Tatenlosesten und Stummsten warnen werden:
Dies Werk könnt den Verstand totalst gefährden.

O ja, der Fehlerloseste steht ganz alleine meist,
wenn er sich als Bedenkenlosester erweist.
Doch hab ich auch das Minimalste an Präsenz,
bleibt das Gefühl extremster Eloquenz.

Sprachspielereien

Urlaubsfreude

Wenn wir auf unsern Liegen liegen,
wir sanft uns wie in Wiegen wiegen.
Wenn – lästig – um uns Fliegen fliegen,
wir sie in kleinen Kriegen kriegen.

Politiker

Wenn sie in Dialogen logen,
sich Balken fast zu Bogen bogen.

Nicht immer perfekt

Die einst sich Gouvernanten nannten,
selbst Ecken und auch Kanten kannten.

Die Folgen

Wenn Kinder übern Rasen rasen,
heißts hinterher oft Blasen blasen.

Ernst gemeinte Fragen

Soll'n Bächlein nur in Rinnen rinnen?
In Häusern nicht mehr Spinnen spinnen?
Soll'n Fische zwischen Leichen laichen.
Soll's Geld nur noch den Reichen reichen,
die nur um ihrer Villen willen
Geldhunger ganz im Stillen stillen?

Was nur schwer möglich ist

Wenn Bläser mit Posaunen saunen
und nächtens die Alraunen raunen.

Was gut möglich ist

Dass Schritte dumpf in Hallen hallen,
Waschbären nachts in Fallen fallen.

Was schön wäre

Sich durch Verkehrs-Kontrollen trollen.
Feuchtfröhlich auf Atollen tollen.

Ehrfurcht?

Man kann nur bei Piraten raten,
was sie mit Potentaten taten,
die würdig in Ornaten nahten.

Empfehlung

Muss er sich unter Winden winden,
den Bauch mit nassen Binden binden!

Reiß Dich zusammen

Musst Du durch's Haus in schlappen Schlappen
und nur noch in Etappen tappen?

Lust

Ich spürte ihr Gebiss, bis
ein Zahn mir einen Riss riss.

Streit

Sie ganz geschickt den Blick schickt,
auf dass er den Konflikt flickt.

Freud

Ich gern mich zu Babett bett.
Doch find ich auch Janett nett.

Liebesleid

Auch wenn allein ich in den Wein wein,
spring ich aus Kummer niemals in den Rhein rein.

Sag mal einen Satz mit

Zum 10. Todestag des großen Satirikers Robert Gernhardt durften Reinhard Umbach und ich in der Tageszeitung taz eine Seite gestalten unter dem Motto »Sag mal einen Satz mit ...« Robert Gernhardt hatte unter dieser Überschrift wunderschöne Zweizeiler verfasst. Deshalb mein erster:

Robert Gernhardt

Ihr Frühstücksei isst Edelgard
weich, fast **roh, Bert gern hart.**

Eidechse

»Ach Schatz, mir frier'n die Füße.«
»Ei, deck se zu, du Süße!«

Achselhemd

Wenn er sich innig an die schöne Lotte klemmt,
ihn höchstens deren Gatte **Axel hemmt.**

Seychellen

»Hör endlich mit Putzen auf, Ellen.
Mutter kommt schon, ich höre **se schellen**.«

Guatemala

Seehofer sprach auf einer Maler-Gala:
»Mir Bayern«, sprach er, »mir hon **guate Mala.«**

Phönix

Beim Beseitigen größerer Wasserlachen
kann man mit einem **Fön nix** machen!

Baltikum

Die Leute werden plötzlich stumm
und sehn sich um, so **bald i kumm.**

Kandelaber

Bei Fremden bin ich schweigsam, aber
sehr gern ich mit Be**kannde laber**.

Almanach

Bevor ich Hertha mich versprach,
sah ich der schönen **Alma nach**.

Mannigfaltig

Dein Frotzeln stört mich ganz gewaltig.
Lass das, oder **Mann, ich falt Dich.**

Generalvollmacht

Erscheint ein Video von Al Qaida in der Nacht,
vor Angst sich selbst der **General voll macht**.

Festgeläute

Bevor ich auf das **Fest geh, Leute,**
schmier ich ins Haar mir **fest Gel heute.**

Fettig/Rettich

Kaum seh den Hummer am Büf**fett ich**,
ich nix wie hin, na klar, den **rett ich.**

Dezimal/vertikal

Betaste meinen **Deez i mal,**
spür i, oben **werd i kahl.**

Kolumbus

Mit dem Saufen ist jetzt Schluss!
Heut sah ich Helmut **Kohl im Bus.**

Gesund und munter

Pawlowsche Reflexe

Muss ich 'ne Zitrone pressen,
läuft mir Wasser in den Mund.
Steht ein Koffer ganz vergessen,
schrei ich nach dem Bombenhund.

Ja, das ist – wie verhex –
ein Reflex, ein Reflex.

Ich hör mein Gewissen pochen,
wenn ich Polizisten seh.
Und ich bremse wie gestochen,
fährt vor mir ein BMW.

Ja, das ist fast wie beim Sex
ein Reflex, ein Reflex.

Kabrios öffnen ihre Hüllen
ganz von selbst ab drei Grad plus.
Dann muss man auch draußen grillen.
Das ist ein Reflex … man muss.

Ja, das ist – wie verhex –
ein Reflex, ein Reflex.

Seh ich Kicker Bälle treten,
zucken lustvoll meine Gräten.
Seh ich braune Glatzen motzen,
treibt es mich aufs Klo zum Kotzen.

Ja, der macht mich oft perplex,
dieser Pawlowsche Reflex.

Fit sein tut Not

O Fitnessraum, o Fitnessraum,
ja, ich besuch dich täglich,
weil meine Frau, die Ilsebill
mich noch zehn Jahre jünger will.
Und ich schind mich unsäglich.

O Fitnessraum, o Fitnessraum,
sie sagt: »Du bist ein Fettklos,
bist hier zu schlaff und da zu schlapp,
und nimmst Du nicht fünf Kilo ab,
ist auch nichts mehr im Bett los.

O Fitnessraum, o Fitnessraum,
ich find mich optimal so,
doch Ilsebill, die fordert barsch
'nen Waschbrettbauch, 'nen Knackearsch.
Für mich wird das zur Qual so.

Im Fitnessraum, im Fitnessraum,
da schind ich mich seit Wochen.
Am Laufband ich das Knie mir stauch,
die Hanteln fall'n mir auf den Bauch.
Ich spüre jeden Knochen.

Im Fitnessraum, im Fitnessraum
wird sich mein Los erfüllen:
ein Beckenbruch, ein Sehnenriss,
die Heilungschancen ungewiss.
Ich werd vor Schmerzen brüllen.
Doch sie kriegt ihren Willen.

Auf Traumreisen

Sommer

Warum in die Ferne schweifen,
warum Oma, Mutter, Kind
staugestresst mit heißen Reifen
in den tiefen Süden schleifen,
wo auch schon die andern sind?

Warum in die Ferne jetten,
müd in Abflughallen stehn,
sich in viel zu weichen Betten,
viel zu engen Kabinetten
schwitzend auf die Nerven gehn?

Warum in die Ferne düsen?
Barbados und Florida?
Warum schlappe Palmen leasen
in obskuren Paradiesen?
Sieh, das Gute liegt so nah!

Für mich liegt es um die Ecke.
Morgens rasch ein Schlückchen Tee,
und dann Fresskorb, Buch und Decke,
und schon geh ich auf die Strecke
mit dem Rad zum kleinen See.

Zwischen Feldern, zwischen Bäumen
schmiegt er sich so still und weich.
Sonnenwarme Wiesen säumen
rings das Wasser. Enten träumen
unterm hängenden Gesträuch.

Sieh, wie sie dort friedlich gleiten.
Und der See entspannt und still,
lächelt, wenn auf beiden Seiten
Menschen bunte Decken breiten,
wenn der Duft vom Würstchengrill

durch die Wiesen fächelt, wo sich
Glieder räkeln, Muskeln prahlen,
Leiber, schwellend, braun und rosig,
nackig oder badehosig
unter warmen Strahlen aalen.

Kinder schlecken bunte Eise,
spielen lärmend Wasserschlacht,
kicken Bälle hordenweise
oder gehn auf Kreuzfahrtreise
mit der Luftmatratzenjacht.

Ich? Entspann mich im Gewühle,
brenne mir den Hintern ein,
denn ich spar mir das Textile,
gleit schon mal ins Nasse, Kühle,
wo ich gründelnd Heilschlamm fühle
und bin Mensch, hier kann ich's sein.

Warum in der Ferne baden,
wenn das Gute …? Was ist da?
Vor dem Fenster Regenschwaden?
Wind bläst kalt um die Fassaden?
Ob ich mal zum Reiseladen …?
Wie war das mit Florida?

Adventure-Tours

Sie treiben sich im Urlaub
sandbuddelnd an der See rum?
Sie liegen cool am Pool
oder hängen am Büffet rum?
Sie latschen durch den Wald,
und wenn da 'ne Kirche steht,
knien Sie gleich vor Andacht nieder.
Das ist fade, das ist blöd.

Öde ist es auch,
wenn sie weiter nix als chillen
und nur ihren Körper grillen
im Hotel auf den Antillen.
Schade um die Zeit,
doch auch schade um das Geld.
Deshalb buchen Sie bei uns
das große »Abenteuer Welt«.

»Abenteuer Welt«
heißt für uns Abenteuer pur.
Buchen Sie für wenig Geld
eine Adventure-Tour.

Unser erster Reisetipp?
Ja, er ist wirklich sehr beliebt:
Es geht dahin, wo es grad
die schönsten Katastrophen gibt:
So Taifune in Manila
und ein Erdrutsch im Tessin.
Und wir sind nicht nur dabei,
nein, wenn möglich, mittendrin.

Und kriegt irgendwo mal wieder
so ein Tanker so ein Leck,
waten mit verölten Vögeln
wir durch metertiefen Dreck.
Kürzlich gab es in Sri Lanka
ja so richtig nasse Socken.
Und wir durften mit Tamilen
auf den kahlen Bäumen hocken.

Katastrophentrips sind schick,
Diese Trips sind wirklich in.
Vielleicht ist mit etwas Glück
auch eine Geiselnahme drin.

Unser zweites Angebot?
Ganz bestimmt wird es sich lohnen,
denn die tolle Reise führt
in heiße Krisenregionen.
In Afghanistan kampieren wir
in schicken Wellblechschuppen
und besicht'gen Massengräber
mit den Friedenstruppen.

Nach Jerusalem geht's auch
und in den Gazastreifen,
inklusive 'ner MP,
um notfalls einzugreifen.
Für Schlankheitskuren
können Sie Äthiopien buchen
und in entleg'nen Wüstenstreifen
kleine Wasserlöcher suchen.

Was? Sie bleiben lieber hier?
Und Sie wollen nicht weit reisen?
Ja, es gibt auch Abenteuer
in den heimatlichen Kreisen.
Sehr beliebt ist da ein Glatzenschnitt
und 20 Dosen Bier
und ein Stehplatz
in der Fan-Kurve von S04.

Einmal ganz was andres
ist unser Gourmet-Event.
Und dazu geht's erst mal
auf den fünften Kontinent.
Bei den Aborigines
gibt's einen Schlangenschmaus:
Wenn der Schwanz im Mund verschwindet,
kommt der Kopf schon hinten raus.

Doch der Höhepunkt
von diesem kulinarischen Programm:
Eine Woche Neuguinea
bei 'nem Kannibalenstamm.
Keine Angst, das Fleisch ist zart
und es verfärbt sich nur ganz leicht.
Nein nein, englische Matrosen
werden auch nicht mehr gereicht.
Das Ganze so am off'nen Feuer
rustikal serviert:
Täglich muss man das nicht haben,
doch man hat es mal probiert.

Wie gesagt: Sie suchen für den Urlaub Abenteuer pur?
Dann buchen Sie bei uns eine Adventure-Tour.

Aus meinem Reisetagebuch

Frankreich

Zu spät

Als eine Jungfrau aus Colmar
vom Pinot mal sternhagelvoll war,
hat sie sich verknallt
in den Grünewald,
ja, den Josef, was gar nicht so toll war.

Klage

Es sagte Louise aus Paris:
»Mir geht's mit Roland ziemlich mies.
Vorbei ist die Liebe.
Und er hat im Getriebe
zu viel Sand und zu wenig Kies.«

Kleiner Unfall

Es trank ein Herr aus Bordeaux
zwei Flaschen Bordeaux. Nur mal seaux.
Er verließ das Bistreaux
noch recht lebensfreaux.
Doch dann fiel er sehr reaux auf den Peaux.

Großbritannien

Mangel

Zwei sehr reiche Ladies aus London
trotz Geld keinen Ehemann fonden,
trotz riesigem Schloss,
trotz Bentley und Tross.
Scheinbar war doch nicht alles vorhonden.

Ausweg

Zwei andere Ladies aus London
die auch keine Männer mehr fonden,
fuhr'n nach Sunderland,
wo sie keiner kennt,
doch die flottesten Wikinger stronden.

Kanarische Inseln

Hierro

Auf der Fahrt rund um Hierro
hat Hermine 'ne kleine Affairo.
Gut gelaunt sagt Hermine:
»Besser 'n Spatz auf Kabine,
als außenbords einen Torero.«

Teneriffa

Beim Schnorcheln auf Teneriffa,
der Hannes den Fisch da im Riff sah.
So riesig groß.
Doch war da bloß
zum Anfassen leider kein Griff da.

Lanzarote

Beim Baden auf Lanzarote,
die Marlen 'ne Languste bedrohte,
herrlich anzusehn.
Doch sähe Marlen
lieber auf ihrem Teller 'ne tote.

Jordanien

Übertragung

Es kaufte der Herbert in Akaba
eine Mütze sich aus echtem Dackelhaa'.
Trug er die dann in Köln,
er ständig am Bell'n
und mit seinem Hintern am Wackeln wa'.

Vernunft

Die Edeltraut kam jüngst in Akaba
nicht mit ihrem viel jüngeren Macker kla'.
Kam ein Scheich, der war reich.
Klar, den liebte sie gleich,
auch wenn er ein uralter Knacker wa'.

In deutschen Landen

Im Harz

Krank

Erst zuckte dem Frieder aus Wieda
der rechte Arm auf und nieda.
Dann: so trübe die Rübe
und traumatische Schübe.
Diagnose: 'ne schwere Pegida.

Immerhin

Zur Witwe Adele aus Steina
da sagte ein Mann, der recht klein wa',
vor der Zwergenhöhle:
»Ich lieb Dich, Adele.«
»Na«, dachte sie, »besser als keina.«

Niedersachsen

Das kommt davon

Es verfängt sich der Ewald aus Echte
sehr gründlich im Liebesgeflechte:
Eva, Vera und Claire.
Sein Herz leidet schwer,
und kein Wunder: auch sein Gemächte.

Königswürde

Wer wird Schützenkönig in Kahlefeld?
Den ein Meisterschuss ins Finale stellt?
Nein nein, es ist der,
der sich hinterher
möglichst lang in der Horizontalen hält.

Operation

Heinrich Müller aus Nesselröden
liebt rassistische Sprüche, die blöden.
Die sind richtig fies.
Kein Wunder, er ließ
sich die grauen Zellen veröden.

Prothese

Es schlabberte Walter aus Esebeck
drei Teller voll von Bolognese weg.
Ihm ist ja das Kauen
seit Tagen ein Grauen.
Da kam ihm im Suff die Prothese weg.

Zu spät

Es klagte einst Friedrich aus Elze:
»Meine Irmtraut, immer krakeelt se.«
Jetzt ist Ruhe im Haus,
denn die Irmtraut zog aus.
Heut sagt Friedrich: »Ganz ehrlich? Mir fehlt se.«

An der Werra

Typisch

Der schöne Lars aus Bad Soden
erfreut sich an Bademoden.
Kaum sieht er die Tini
im Minibikini,
rutscht im das Herz in die Hoden.

Gefährlich

Der Reinhold aus Freienhagen
muss Pegida-Schübe ertragen.
Ganz gefährlich sind die,
weil dabei irgendwie
seine grauen Zellen versagen.

Sachsen

Folgenreich

Ein Wanderer hatte in Klaffenbach
einen miesen, ja geradezu schlaffen Tach.
Als im Wasserschloss
dann das Bier reichlich floss,
lag er tags drauf mit einem Affen flach.

Ein Traum

Es schlief eine Dame in Parthenstein,
auf die Liebe wartend im Garten ein.
Im Traum kam Brad Pitt,
küsst sie heiß, nahm sie mit.
So genussvoll kann Schlafen und Warten sein.

Baden-Württemberg

Mode

Es kam eine Dame aus Schriesheim
mit 'nem Glitzerkleid ganz in Türkis heim.
Ihr Mann rief entsetzt:
»Schatz, du kommst doch jetzt
aus Schriesheim und nicht aus Paris heim?«

Hart

Ein netter Obrist aus Kemnaten
zog auf dem Balkone Tomaten.
Doch blieben sie fest.
Er benutzt sie zum Test
der Stahlhelme seiner Soldaten.

Nebenwirkungen

Die niedliche Grit aus Bad Wimpfen
ließ sich gegen Liebeslust impfen.
Der Arzt, leicht berauscht,
hat das Serum vertauscht.
Jetzt ist sie auf Tour mit zehn Pimpfen.

Selbstverteidigung

Nachts wurde die Berta aus Mettlach
von lautem Krach im Klosett wach.
Als am Waschbecken da
sie den Einbrecher sah,
schlug sie ihn mit einem Brikett flach.

Bayern

Luxus

Die reiche Frau Welz aus Marktredwitz,
die war auf ein gold'nes Korsett spitz.
Das passt zur Figur
und zur goldenen Uhr,
doch vor allem zum gold'nen Klosettsitz.

Die Lösung

Eine andere Frau aus Marktredwitz,
die war auf den rundlichen Fred spitz.
Doch es ging nicht im Bett,
dazu war'n sie zu fett.
Da versuchten sie's auf dem Klosettsitz.